高い家賃なのにいつも満室になる人気物件のつくり方

一芸物件

一芸物件専門家
井上敬仁
Inoue Takahito

アスコム

少し立地が悪くても、
古くても、高くても、
「絶対ここに住みたい！」
と願うファンがいる。

ただの人気物件を超えた

〝愛され物件〟

それが……

一芸物件

です。

チラ見せ！
唯一無二の
一芸物件

▶▶ 敷地のすべてがギャラリー。多くのアーティストが巣立った家

DIYし放題アパート

［アップル＆サムシングエルス］

東京都町田市

美大生から美大生へと住み継がれている家。部屋にも共用部にも鮮やかなアートがあふれます。ペイント自由、部屋の改造自由、退去時の原状復帰義務はなし。オーナーもDIYを奨励しているそうです。

部屋を
好き放題に
クリエイティブ。
美大生が
殺到！

チラ見せ!
唯一無二の
一芸物件

▶▶同じ敷地に一芸物件が9室、すべてが本格派

コンセプト物件の百貨店
[Gargantua]

千葉県柏市

数百万円のゴルフシミュレーターが導入され、人工芝が敷かれた部屋はゴルフ場気分満点。ほかにグランドピアノも置ける防音室、高さ4mのボルダリングウォールのある部屋など。多くの人が空室待ち登録をしています。

都心から離れ、
家賃も高め。
それでも行列が
絶えない

チラ見せ!
唯一無二の
一芸物件

▶▶つくって、食べて、SDG'sなライフスタイルを実践

家庭菜園アパート

[キャッスルハイム]

愛知県瀬戸市

貸し菜園が流行っていますが、こちらはわざわざ遠くまで通わなくても居ながらにして野菜づくりが楽しめる住まい。土にふれ、育てるよろこびや、収穫して味わううれしさ、おいしさが、毎日、住まう人の傍らに。

通常なら
不人気の
1階の部屋が、
2階よりも120%up
の家賃に

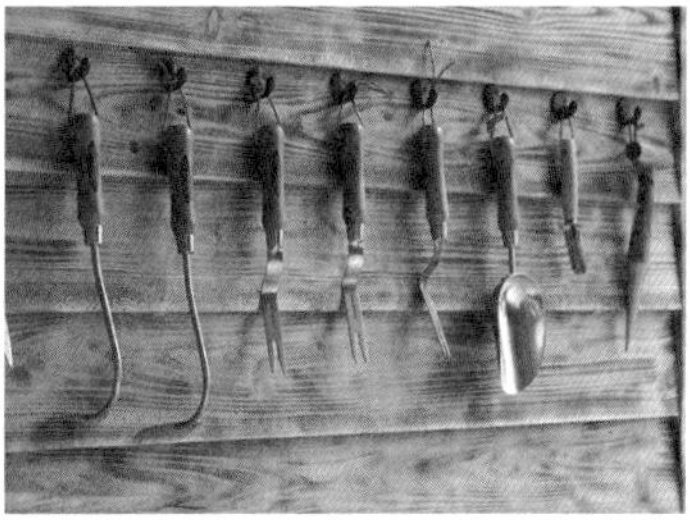

チラ見せ!
唯一無二の
一芸物件

▶▶ 愛車と24時間一緒にいられる、車好きのための秘密基地

ガレージハウス
[HOBBY STUDIO]

埼玉県鴻巣市・桶川市・北本市ほか

1階がメンテナンス作業なども悠々とできるガレージ、上階はしゃれたロフト付きのアパート。入居者には、フェラーリ・ランボルギーニなどの高級車のオーナーも多数。セカンドハウスとしても大人気です。

郊外・駅遠
ものともせず、
つねに200人以上
が空室待ち

EXIT
WAY OUT

はじめに

２０２２年12月現在、もっとも人口が密集する、東京23区の賃貸住宅の空室率は約17％（出典：東京都の賃貸用住宅の空室率一覧（ライフルホームズ））。

仮にアパート20室を家賃５万円で運用していて、空室率が15％だとしたら、年間１８０万円の損失です。意外と大きな金額ではないでしょうか。

しかし、そんな厳しい賃貸市場の中にも、**空室知らずの賃貸物件があることをご存じでしょうか？**

もちろん、「都心の便利な立地なのに、家賃が手ごろな物件」のことではありません。

そうではなく……。

都心から100分の立地なのに空室知らず。
築年数40年以上なのに空室知らず。
間取りや設備にはこれといった特徴はないのに空室知らず。
北関東の郊外で家賃20万円超なのに空室知らず。

こんなふうに、**客観的にはけっして有利な条件とはいえないのに、お客様にひっぱりだこの物件が存在しているの**です。中には、**空くのを待っている人々が何人も順番待ちをしている物件**もあります。

どんな物件なのか、気になりますよね。
そもそも、そこにはどんな魔法が効いているのでしょうか？

いいえ、それは魔法ではありません。**大家さんの見事なひらめきと、それを実現しようという叡智と努力、そして住む人を「驚かせたい、楽しませたい、幸せにしたい」**

という情熱が、唯一無二の人気物件を誕生させているのです。

それを私は〝**一芸物件**〟と呼んでいます。

一芸に秀でるといいますが、**たった一つ、強力な個性があれば、その物件にはお客様を強く惹きつける力が生まれる**のです。

たとえば……

就職の内定がスムーズに取れる学生向きアパート。

ジョン・ポール・ジョージ・リンゴがいつもそばにいるビートルズ・アパート。

ドラマの聖地めぐりどころか聖地に住んでしまえるロケ地アパート。

一芸物件の実例はこのあとたくさんご紹介していきますが、それを読むと、一芸はさまざまな分野にわたることがおわかりになると思います。

そして、その一芸のために特別な設備をそれなりの費用をかけて導入する例もありますが、**一方にはお金をほとんど使わずに実現できる一芸物件がある**こともすごいところだと思います。建築当初は普通の物件で、その後も間取りや設備をいじることはなく、**アイデアをあとづけしただけで一芸物件に変身した例もある**ほどです。

一芸物件はアイデア次第。ふと浮かんだ思いつきから、大化けすることもあるのです。

でも、ここで、こう思った人は多いのではないでしょうか。

「おもしろそうだけど、うまいアイデアなんて、そうそう出てくるものではないでしょ！」

私もずっとそう思っていました。

……遅ればせながら、はじめまして。一芸物件専門家の井上と申します。このたびは本書を手に取っていただき、ありがとうございます。

サラリーマン大家ではじまり、大家歴は今年で18年目になります。6年前に会社を退職し、現在は専業の大家となっています。

話を戻しますと、私はけっこう凝り性なほうで、保有するアパートは間取りや設備などのハード面をどこにも負けないほど充実した物件に仕上げてきました。おかげで地域の人気物件となり、安定した経営をつづけていたのです。

ただ、入居者が入れ替わるたびに家賃が少しづつ下がっていくことに危機感を感じていた一方、**できることはやり尽くした感があって、「このあとどうしよう？」というのが、この数年、ずっと消えない悩み**でした。「こんどはソフト面でなにかできるのではないか？」と思うのですが、まったくアイデアが浮かばず、閉塞感が高まるばかりだったのです。

ところが、**ある出来事をきっかけに、自分のアパートの一芸をつくることができた**のです。

詳しくはこのあとのページでお話ししていきますが、そのひらめきとの出会いは、あっけないほどのものでした。その後は一芸によってアパート経営がよりたしかなものとなるとともに、自分の活動の幅は広がり、地元の管理会社からは応援もしてもらえるようになりました。そして、**驚くべきことに、次の新規契約時には賃料アップまですることができた**のです。

一芸のヒントはあなたの身のまわりにもひそんでいます。

それまでに自分が積み上げてきたキャリアや人生経験の中に。
趣味・遊びなどあなたが好きなことや、関心事の中に。
日々の生活実感や、出会った人々とのなにげない会話の中に。

まずはそれらに気づくこと。そして、実現できるとなったら、どのようにして具体的な形へとつくりあげていくかが大家の腕の見せどころです。

自分の経験を通じ、一芸物件のすばらしさを知った私は、さまざまな一芸物件について研究するようになりました。

本書ではその中で出会った多くの物件をご紹介するとともに、**自分だけの一芸の見つけ方や、実際に一芸物件をつくるための考え方・方法などをご紹介**していきます。また、私が18年間の大家経験の中で実感したこと、学んできたこともお話ししていきたいと思っています。

賃貸物件を保有している大家さん、多数の物件を預かる管理会社のみなさん、また、これから賃貸事業をはじめたいと思っているみなさんをはじめ、多くの方にこの本をお読みいただけたら幸いです。

そして、みなさんそれぞれの一芸物件を実現するきっかけになったなら、それほどうれしいことはありません。

一芸物件専門家　井上敬仁

第1章 唯一無二の〝一芸物件〟――行列ができる賃貸物件いろいろ

第2章

自分だけの一芸物件をつくろう
——これだ！という一芸の見つけ方と事業への落とし込み方

使うところには使い、抑えるところは抑える。やはりメリハリ、費用のかけ方にもコツがある。　186

COLUMN

第3章

私が一芸物件を手に入れるまで
――サラリーマン大家から一芸物件専門家へ

第4章 多くの人に愛され、人々を幸せにする一芸物件であるために——大家の心のもち方とよりよい資産運用のヒント

第 1 章

唯一無二の“一芸物件”

行列ができる
賃貸物件いろいろ

アイデアの秘密を知る！
一芸物件FILE

まずは、さまざまな一芸物件をご紹介していきます。ご覧になってみてください。趣味の世界から、スポーツ、食生活、ペットなど、そのジャンルは多岐にわたることがおわかりになると思います。
また、間取り・設備などを一芸のためにがっちりつくり込んだものもあれば、建物はそのままに、ソフト面の特徴の付加の仕方によって一芸が生まれている物件もあります。

そして、本書のために、一芸物件をお持ちの何人かのオーナーや運営会社の方に取材をさせていただきましたが、お一人おひとり、とてもしっかりとした信念をおもちで、そして、魅力的な方々でした。賃貸住宅の話の中にも、その人の生き方や考え方、仕事やお客様への真摯な向き合い方が伝わってきて、大家として大いに勉強になるとともに、大きな刺激を受けました。

そんな人々が、どんなところから一芸を思いつき、それをどのようにして形にしたのかというところにも着目していただければと思います。

一芸物件

FILE

01

愛車と24時間一緒にいられる

ガレージハウス

ここがスゴイ！

都心から1時間半以上・駅遠という不利な立地を高度利用。

地域の相場より2万円高い家賃でも引く手あまた。

憧れの車がズラリ。経済的レベルの高い人々がお客様。

つねに200人以上の人が空室待ちをしている
［HOBBY STUDIO（ホビースタジオ）］

埼玉県鴻巣市・桶川市・北本市ほか埼玉県内に13棟
https://hobby-studio.jp/

車好きの人は、シャッターが並ぶ建物を見ただけでもうワクワクするのではないでしょうか。愛車を心おきなく鑑賞したり、メンテナンス作業に没頭したりすることのできる、まさに夢を形にした物件です。

内装もしゃれており、単身者の住まいはもちろん、非日常の時間を楽しみたい人のセカンドハウスにもピッタリ。SOHO（小さなオフィスや自宅などでビジネスを行っている事業者）のオフィスやお店にもおすすめとのことですが、**満室どころか、つねに200人もの人がウェイティング・リストに名を連ねている**というのには驚かされます。

オーナーでレジデンシャル不動産法人株式会社の代表・田中勲さんにお話をうかがいました。田中さんは長年、住宅や収益不動産の売買・仲介・企画・コンサルティングなどに携わってきた人で、テレビ・ラジオ・YAHOO！知恵袋などのメディアでも活躍する不動産の専門家です。

基本の仕様

- 延床面積60㎡前後。1階がガレージ、2階が居住スペース。
- ガレージは約30㎡。大型の輸入車等も入庫可能な奥行5・5m前後を確保。
- 居住スペースは1LDKで約30㎡。バス・トイレ・ミニキッチンを標準装備。半数以上の物件はロフト付き。
- 一部の物件は、戸外にも駐車スペースを確保。

アイデアはどこから？

ご自身も車好きだという田中さん。かつて大型の賃貸マンションに住んでいたとき、駐車場から建物のエントランスまでが非常に遠く、徒歩10分もかかったのだそうです。その距離が、疲れている日や荷物の多い日はけっこうな負担で、青空駐車場だったため、雨の日は一段とつらかったといいます。

それで、いつからともなく、こんなことを思うようになったそうなのです。

ああ、家の下に車を停められたらラクチンだろうなぁ……

本業のかたわら、個人的に収益物件についての研究をしていた田中さん。自身が保有していた自宅兼賃貸住宅の建て替えを機に、2階が住まい、1階がガレージという建物を建設しました。

その建物の住み心地が快適で、これならほかの多くの人にもよろこばれるだろうと思ったことから、ガレージハウス［HOBBY STUDIO］の賃貸事業を本格的に展開することになったのです。

2022年現在、［HOBBY STUDIO］は13棟ありますが、田中さんの地元であり、会社の本拠地でもある埼玉県にすべてが立地しています。

行列ができるワケ

●マニアの心が躍る空間と設備

十分な広さを確保したガレージには、そこで車との時間を過ごす人が、快適に過ごすことができるように、エアコン・電動シャッター・TVアンテナ端子・水道・換気扇などを完備。

「ガレージハウスは趣味の領域」と言う田中さんですが、元来の車好きのセンスが存分に生かされ、車を愛する人々の琴線にふれる空間設計や設備が実現しています。

●空間のカスタムも自由

ガレージはできるだけ自由にカスタムしてもらいたいとの意図から、壁にはボードを設置。ビスを打ったり、ツールボックスを取り付けたりが容易にできるようにしています。退去時の原状復帰は不要です。

●車が主役のおしゃれな住まい

シンプルながら、洗練されたインテリアが印象的。シャンデリアやダウンライト、リゾートホテルのようなシーリングファンなどを配した心地よい空間が広がります。

居住スペースからも愛車を眺められる物件や、2台収容可能のガレージを持つ物件もあります。

●テレビ番組でガレージハウスの魅力を発信

2017～2018年にかけて、テレビ埼玉で『ホビースタジオで楽しむ時間』という番組を全12回にわたって放送。

田中さんと番組MCが各地の［HOBBY STUDIO］を訪ね、ときには入居者も交えながら、カーライフについて話したり、憧れの車に試乗したりしながら、ガレージハウスの魅力も発信していくというものでした。現在もYouTubeで番組のアーカイブが視聴できます。

https://www.youtube.com/channel/UC-z65nL2RPWT5KvROkSEYeA

入居者のプロフィール

●経済的にも気持ちにもゆとりのある人々

ポルシェ・フェラーリ・マクラーレン・ランボルギーニなどのスーパーカーから

スカイラインGT-R・S2000・ハチロクなど国産の名車まで、「HOBBY STUDIO」のガレージにはこだわりの車が並びます。

入居者には富裕層が多く、都心などの自宅のほかに、このガレージハウスを趣味専用のスペースとして利用している人も多いといいます。家賃の滞納やトラブルもほぼ起きたことがないということです。

運営・事業の状況

●不利な立地で高家賃を実現

入居者はみな車移動する人々なので、田中さん曰く**「立地は田舎でも大丈夫」。**

電車なら都心からの乗車時間60分以上、さらに駅からバスで20分といった立地でも、相場より2万円ほど高い家賃設定を実現しています。

なお、駅から遠いのは問題ないそうですが、**高速のインターから近いこと、車庫入れがしやすいよう、アップダウンや段差のない土地であることに**はこだわっているとのことです。

●初期費用は高いが、しっかりと回収

一般的なロフト付きアパートを建築するのに比べると、**電動シャッターや壁のボードを設置するために初期費用は高め。**しかし、それらが余りある物件の魅力となり、**投じた費用も高利回りの運用で十分に回収**できています。

●SNSを利用した広告で認知度アップ

いまは大人気のガレージハウスですが、当初は不動産管理の専門会社に入居者募集を任せており、苦戦気味であったといいます。

状況が変わったのは、SNSで呼びかけてのイベントを開催してからだとか。予想以上に多くの人が集まり、以降、ホームページやSNSによる**情報発信に力を入れるようになったところ、認知度が急激に上がった**のだそうです。なお、現在の仲介・管理は自社で行っています。

●ウェイティング・リストに200人以上

全物件がつねに満室で、ウェイティング・リストには、空室が出るのを待つお客様が200人以上名前を連ねています。

入居者が退去したときや、新しい［HOBBY STUDIO］が竣工したときは、ホームページで告知。見学会の日時を設定し、空室待ちの人々には告知メールを発信、申し込みのあった人々の中から抽選で次の入居者を決定します。

オーナーからのメッセージ

競合のいない新しい分野を掘り起こしてみよう

「付加価値の高い物件づくりを目指すなら、まず、自分の好きな分野、興味のあることで考えてみるといいと思います。すでに競合がいる分野に参入するのは、スタート時点で不利なことかもしれません。**その意味では、ほかのだれも手をつけていない新しい分野を掘り起こすことが大事になりますね。**

2022年のいまは、不動産投資は控えたほうがよい時期です。コロナ禍、ロシアによるウクライナ侵攻、ウッドショックなどで建築費用も非常に高くなっていますから。でも、**準備はいまからできると思います。**

自己資金を少しでも多く貯めておくとか、銀行に行って「賃貸事業を考えているんですけど」と相談してみるとか。融資を受けるためには、銀行との関係性を築いておくことはけっこう重要だと思うんです」（田中勲さん）

井上の目

私がよく通りかかる場所に、ルノーのアルピーヌA110のレストア専門店があって、全国からお客さんが集まってきています。このような店舗に併設して、もしくはこのような店舗と提携して、A110専門のアパートをつくる方法もあるかもしれないと考えました。

ほかにミニクーパーやスーパーセブンなどでもありえますね。専門店とつながっていれば、メンテナンスがすぐできるなどの利点もあるでしょう。

一芸物件

FILE

02

ありそうでなかった!

世界初の猫専用アパート

\\ ここがスゴイ! //

「ないのなら、自分でつくってしまえ」という発想と行動力。

一般論にまどわされない。ほんとうに必要な空間づくり。

「不幸な猫を減らしたい」。猫専用物件のプロデューサーとしても活動。

人間も猫も幸せに暮らせる住まい
[Gatos Apartment(ガトス・アパートメント)]
東京都杉並区
http://gatos-apartment.com/

大きな窓から入ってくる陽光が心地よい、「Gatos Apartment」。〝Gatos〟とはラテン語で猫のこと。人と猫の共生は「こうありたい」を形にした、猫好きによる猫好きと猫たちのための賃貸住宅です。

猫専用物件というと猫カフェのような空間を思い浮かべる人が多いかもしれませんが、「Gatos Apartment」のそれは猫カフェとは一線を画します。ゆったりとした中にも、人と猫の快適と安全、衛生のことなどを考え抜いた空間づくりがなされた賃貸住宅です。

オーナーの木津イチロウさんはレコード会社を経て、携帯電話のauでおなじみのKDDI株式会社に勤務していた元サラリーマン。猫専用物件のプロデューサーとしても活動しており、これまでに6件の監修物件が誕生しています。猫に関わるなら本格的にと、動物愛護や飼育に関する啓蒙活動を行う（公社）日本愛玩動物協会の愛玩動物飼養管理士2級の資格も取得しておられます。

基本の仕様

- 約35㎡のワンルーム仕様、専用バルコニー約5㎡。
- キッチン・クローゼット・バス・トイレは、分譲マンション並みの設備。
- 猫トイレ4台分のスペース・脱走防止扉・猫が三次元に動けるためのステップなど・猫用扉。

アイデアはどこから？

［Ｇａｔｏｓ Ａｐａｒｔｍｅｎｔ］の誕生の経緯はまるで小さな物語のようです。

それは２００５年、木津さんがパートナーとともにあるテラスハウスに引っ越したことにはじまります。引っ越したその日から、前の住人が餌付けしていたのでしょう、庭に野良猫が訪れるようになりました。木津さんは、猫を飼うほどの猫好きというわけではなかったそうですが、かわいそうでエサを与えるようになると（現在はもちろん野良猫の餌付けに関するルールは熟知しておられます）、チーと呼ぶようになっていたその猫が、ある日、子猫を連れてやってきたのです。

見ると、その子は目ヤニだらけで目が見えていない様子。木津さんにはチーが「助けてください」と言っているように感じられ、あわてて病院に連れていきました。その後、2度の手術を受けさせ、その子は目が見えるようになりました。

木津さんは当初、2匹を外に戻すつもりでしたが、獣医の先生から「この猫たちをどうするのですか?」と聞かれたとき、とっさに「飼います!」と答え、思いがけなく飼うことになってしまいました。

それでも、ウーと名づけたその子が元気になったら2匹は外に戻すつもりでした。というのは、木津さんのテラスハウスはペット不可だったのです。ウーが元気になるまでの間、母親のチーとともにテラスハウスの室内に保護することとしました。

ところが、それからほどないある日、なんとチーが寝室で3匹の子猫を出産したのです。期せずして木津さんは5匹の猫をかくまうこととなり、さすがにペットの飼える物件に転居することを決意したのです。

しかしながら、物件探しをはじめて知ったのは、**世の中にペット可物件はあっても、ほんとうの意味で猫と快適に共生できる物件はない**ということでした。

当時、都内にあったペット可物件は、たいていが20㎡程度のワンルームで家賃は高く、飼っていいのは1匹だけ。夫婦・カップルの住まいにも、2～3匹の多頭で飼われることの多い猫との暮らしにも適していません。

一方、郊外では、駅から遠く、言い方は悪いですが、立地条件が悪かったり、難があったりする物件をペット可にしてなんとか入居者を呼び込もうとしているのではないかと思われるケースも多く、そのほとんどが犬用としか思えない仕様だったとか。見学に行ったある物件は、中庭をドッグランにしていて、足洗い場やリードを掛けるフックもあったそうですが、1匹が吠えるとほかの犬も呼応してワンワンと吠えはじめたりする様子にはげんなりしたとか。静けさを好む猫にとって、これはストレス以外のなにものでもないはずです。

というわけで、探しても、探しても、出会えない猫向けの物件……。

それならば、いっそ、自分たちで建ててしまえ

まったく持ち家志向はなかったという木津さんですが、自分たちと猫たちのための家を建てることを決意。そして、**これだけ探して見つからないということは、自分たちと同じように困っている人もいるに違いないと考え、猫専用の賃貸も併設すること**にしたのです。

行列ができるワケ

●それまでなかった、猫専用賃貸の登場

最近でこそ増えてきましたが、2011年に「Gatos Apartment」ができるまで、猫専用物件は皆無といえました。

ないところにつくったので、必然的にオンリーワン。木津さんの調査によると、**日本だけでなく、世界的に見てもこれが初めての猫専用物件**だったとのことです。

●光と風とふれあえる空間設計

キャットウォークにキャットタワー、つまり、猫カフェのような空間をつくるのが

猫専用物件だとカン違いしている人は少なくありません。

ほんとうに猫にとって心地よいのは、光と風が感じられて、外を眺めることのできる生活環境です。つまり、窓のある空間です。

「Gatos Apartment」は大きな窓のある明るい間取り。さらに、猫が安全に外に出られるテラスやベランダも用意されています。外に出ると猫のストレスは軽減されることがわかっているのです。

●快適、衛生的。猫のトイレ4台が置ける

砂がバラバラと飛んだり、においが気になったりするトイレの置き場は、人間がくつろいだり食事をしたりする場所とはスペースを分けたいものです。また、**猫は排泄には神経質な動物なので、トイレの数は「猫の数＋1個」が理想**とされています。しかし、猫が3匹いる場合、一般の住宅で4台のシステムトイレを置く場所はなかなか確保できないことでしょう。

「Gatos Apartment」は**洗面室に最大4台のトイレを設置できるスペ**

ースをつくっています。換気扇もありますし、水道が使えるのでトイレ洗いもしやすいとのことです。

●いろいろ使えるエスケープ・ゾーン

室内飼いの猫が外に飛び出すことはめったにありませんが、保護したての野良猫はチャンスがあれば外に飛び出そうと狙っています。そこで、「Gatos Apartment」は**二重ドアを採用**。玄関と居室の間にドアを設置して、猫の脱出防止を図っています。

このドアにはもう一つ、**猫が入れない、人間のためのエスケープ・ゾーンをつくる効果**があります。猫を飼っている人の悩みといえば、猫の毛がどこにでもつくということでしょう。そこで、たとえば、上着はこのエスケープゾーンに掛けておくと、猫の毛がつくのを避けられます。お米や、猫の砂やキャットフードなど、猫にさわってほしくないものの保管場所にしている人も。

中には、猫に邪魔されず、ゆっくりマンガを読むためのスペースとして使っている人もいるとのことでした。

●猫の運動と家具の関係に配慮

猫の運動のためにキャットウォークやステップを付けたい、下から猫の肉球を眺められる透明板のキャットステップを付けたいという人は少なくありません。ただ、**がっちり付けてしまうと、それらの設備が家具の配置の障害になることもある**ものです。

「Ｇａｔｏｓ Ａｐａｒｔｍｅｎｔ」では、たとえばキャットウォークの終わりの部分だけを設置。そこに登るステップには、その下に置いた家具などを使うことを想定しています。

なお、**いまどきの室内飼いの猫は長寿ですが、高齢猫は足を踏み外すこともあるので、必ずしもキャットウォークやステップがなければいけないわけではない**といいます。

●ＳＮＳを利用して、多くの人の声をヒアリング

「Ｇａｔｏｓ Ａｐａｒｔｍｅｎｔ」のプランニングにあたっては、**ｍｉｘｉのコミュニティで保護猫活動やキャット・シッターをしている人々に猫と共生する住まいについての意見を聞いた**そうです。また、**ＴｗｉｔｔｅｒやＦａｃｅｂｏｏｋでもアンケートを実施**。たとえば、「キッチンには猫が入ってこられないようにしてほしい」などの意見を実際の間取りに反映しています。

●入居者のＬＩＮＥグループを構築

「Ｇａｔｏｓ Ａｐａｒｔｍｅｎｔ」および木津さんのプロデュース物件の入居者には、猫を飼っているという共通点に加え、年齢・価値観・生活レベルなどが近い場合が多く、話が合いやすいという傾向が見られるそうです。

そこで、**木津さんはＬＩＮＥグループをつくって、希望者をメンバーに招待**。メンバー間ではしばしば連絡を取り合っていて、**だれかが旅行するときは別のだれかがキャット・シッターを買って出るなどの交流も生まれている**そうです。

入居者のプロフィール

●いちばん多いのは、20～40代の女性とカップル

多いのは、大企業などに属している女性。**比較的高収入であることに加え、大きな企業では住宅手当も充実しているので、相場より高い家賃でも負担感はそれほどないようです。**入居年数は4年ほど。結婚を機に退去していく人が多いといいます。

●最近は男性も増加

コロナ禍以降、ペットを飼いはじめる人が増えたことから、男性の入居者も増加しているそうです。

運営・事業の状況

●家賃は地域の相場より1～3割高め

「Gatos Apartment」および木津さんのプロデュース物件の家賃は

地域の相場より1～3割高め。物件の付加価値に照らすと適正価格だと思うと木津さんはおっしゃいます。

●木津さんのプロデュース業とHP制作

会社を辞めるつもりはなかったという木津さんですが、多くの人から相談を受けるようになったことから、猫専用物件のプロデュース業も開始、その後、会社を退職されました。木津さんのプロデュースした物件は、2022年時点で都内や横浜市内に計6棟が誕生しています。

一方で、木津さんは〝賃貸物件紹介HP制作サービス〟もスタートし、オーナー自身のホームページの制作を請け負っています。大手の賃貸住宅サイトに登録する場合に比べ、物件の魅力を存分に伝えたり、いち早く入居者募集を開始したり、お客様と直接、コミュニケーションをとったりといった優位性が得られるといいます。

●プロデュース物件を含め、空室待ちは約300人

「Ｇａｔｏｓ Ａｐａｒｔｍｅｎｔ」と木津さんがプロデュースした6棟の猫専用物件で、ウェイティング・リストに空室待ちの登録をしている人は３００人以上。**退去予定の人が出ると、リストに名のある人々に通知を出し、そこに連絡をくれた人の中から次の入居者はほぼ決まります。**したがって、一般の住宅情報サイトや仲介会社を使うことはないそうです。

オーナーからのメッセージ

なんのための事業なのか、初めによく考えることが大切です

同じような猫専用物件を建ててみたいという多くのご相談を受けていますが、**目的意識がはっきりとしていない人が意外に多いという印象**をもっています。

ただ猫が好きだからとか、流行っているから猫専用物件をつくりたいでは不十分です。**まずは、「なぜ、賃貸事業がしたいのか」というところから考えてみてください。**

さらに、「この事業がどんな利益を生むのか」、「どんな人のどんなことを解決することができるのか」といったことまで考えてみるとよいでしょう。

私の場合は、「猫と一緒に快適に住める賃貸物件を提供すること」からはじまりましたが、やがて、「野良猫の殺処分をなくしたい。そのためにも、一匹でも多くの保護猫が飼い主にめぐりあい、幸せに暮らせる場所を提供したい」という思いも強く抱くようになりました。（木津イチロウさん）

井上の目

木津さんがおっしゃっているように、最初に「だれのため」、「なんのため」に賃貸事業をはじめるのかということを考えるのは不可欠だと思います。〝4P〟（163ページ参照）の戦略を立てられない方にはおすすめできません。

一芸FILE1（愛車と24時間一緒にいられるガレージハウス）とこちらの共通点としては、いままでにない「トガッタ物件」であったため、一般の募集サイトではその価値を伝えるのが難しいことが挙げられます。そこで、お二人とも独自のサイトを立ち上げられ、セルフブランディングを行っていることが重要なポイントでしょう。

一芸物件

FILE 03

毎日の健康管理までしてくれる

定食屋付きアパート

学生の町の食堂付きの物件を2例ご紹介したいと思います。

いずれも不動産管理会社が運営するもので、食堂はそれぞれの会社の管理物件および自社の企画物件の入居者のためにつくられました。

運営の形やコンセプトは異なりますが、いずれも入居者の食生活を支える場として大切な役割を果たすとともに、賃貸物件にとっては大きな付加価値となり、なんと地域の賃貸相場にまで好影響を与えているといいます。

学生のほとんどが初めての一人暮らし。その中でももっとも困ったり、おざなりにしがちなのが1日3度の食事です。**学生の物件探しは親の意見で決まることも多いものですが、その点でも、食堂付きという一芸は入居者を呼び込む大きな要素になって**

いるようです。

＼ここがスゴイ！／

①有限会社 東郊住宅社（神奈川県相模原市）

- 朝100円、昼夕500円。圧倒的なコスパで入居者を応援。
- 食堂が1800室の管理物件すべての付加価値に。
- 賃貸稼働率99％。いまや空室がないのが悩み。

1日3食、定食が食べられる
［トーコーキッチン］
有限会社 東郊住宅社（神奈川県相模原市）
https://www.fuchinobe-chintai.jp/toko_kitchen.html
https://www.fuchinobe-chintai.jp/

基本の仕様

［トーコーキッチン］

- 2015年12月開業。東郊住宅社が管理する物件1800室の入居者専用の食堂。
- 全24席。営業時間8時～20時。年中無休（年末年始を除く）。
- 朝食100円、昼食・夕食500円。食べにいくたびの都度払い。
- 「おかあさんのおいしいごはん」がコンセプト。約100パターンのメニューを用意しており、昼食・夕食には週替わりセット2種類と日替わり定食を用意。その日のメニューはTwitter・Instagram・Facebookで告知。

アイデアはどこから？

東郊住宅社は約50年の実績をもつ不動産管理会社。神奈川県相模原市を本拠地に、質の高い仲介・管理のサービスを展開しています。

今回、ご紹介する［トーコーキッチン］は、青山学院大学・桜美林大学・麻布大学の通学圏内であるJR・横浜線の淵野辺駅から駅徒歩2分の立地で営業しています。

そして、この食堂が誕生した背景としては、**学生の親御さんからの食事サービスへの需要が高まっていたことが大きかった**といいます。

同時に同社では次の2つの理由から、管理会社としての新たな付加価値の創造を目指していました。

一つは、他社との差別化です。2004年、同社は日本で先駆けて〝敷金・礼金・退室時修繕費ゼロ〟を導入し、それが多くのお客様に選ばれる理由となっていました。しかし、近年は他社も同じような仕組みを取り入れるようになったため、第二の柱の確立を急いでいました。

もう一つは、経年変化する賃貸物件の家賃を下げない、空室を出さないための方策です。オーナーは手をかけ、お金をかけ、物件の資産価値を維持する努力をしていますが、「管理報酬を受け取る立場として、管理会社にもできることがあるのではないか」ということを東郊住宅社では考えつづけていたそうです。

それも、部屋ごと、建物ごとではなく、管理している1800室の物件の資産価値をいっぺんに上げる方法はないものか、と……。

その可能性は、物件以外のところにあるのに違いない

という発想から思い至ったのが、入居者専用の食堂をつくるということでした。おいしくて、バランスのとれた食事が手軽に取れる場所があれば、管理物件すべての強みになるはずです。

以降は、同社が管理する物件のテナントであったイタリアン・レストランのオーナーシェフの協力を得て、トントン拍子で「トーコーキッチン」の誕生へと至りました。外装・内装は、清潔でしゃれていて親しみやすい食堂へとリフォーム、オーナーの調理のスキル・調理道具・仕入れルートをそのまま生かし、新たな出発をすることができたのです。

行列ができるワケ

●まかない付き賃貸ではなく、独立した食堂

来店ごとの都度払い。町のレストラン、ファーストフード店のように、行きたいときだけ行くという使い方ができます。

学生生活、社会人生活をしていれば、友人と食べに行く日、飲みに行く日、その日のメニューが好みに合わないからとお弁当を買ってくる日などもあるでしょう。定額払いではないので、そんな日も食費を二重に支払うことにはなりません。

●プロの料理人によるおいしい食事

元イタリアン・レストランのオーナーシェフによる本格的なレシピ。たとえば、ある日の朝ごはんはイタリアンオムレツ。昼食・夕食は、週替わりAセットが鯖の塩焼き、Bセットが三色丼、日替わり定食が豚と茄子胡麻味噌炒め。朝昼夕とも副菜2品・豚汁・ごはんが付きます。毎週金曜日には朝食の選択肢にカレーが加わり、週2回の頻度でパンナコッタ・杏仁豆腐・チュロスなどの手づくりデザートが50円で提供される日もあります。

用意されているメニューは約100パターン。毎日行っても、同じメニューがかさなることはまずありません。

●あくまで入居者サービス

定食は、本来は100円、500円では食べられないようなセット内容です。食堂はあくまで入居者サービスとして利益は求めないというのが東郊住宅社のスタンス。朝食は出れば出るほど赤字になるとのことですが、それに余りあるイメージづくり、集客力を発揮しています。

●日常の場所であることへのこだわり

だれもがイベントやコミュニティを好むわけではありません。そうした人たちにとって行きづらい場所にならないように、コミュニティのようなものはあえてつくらず、あくまで日常の場所の一つであるよう気をつけているそうです。

お客様とのコミュニケーションは大事にしていて、社長の池田さんは一日に何度か顔を出しては、「きょうの定食の味はどう?」などと話しかけたりしています。

利用者のプロフィール

●利用者の8割が学生

東郊住宅社が管理する物件の入居者約3000人のうち8割が学生で、食堂も利用者の約8割が学生です。また、3000人のうちの約3割がヘヴィユーザーで、1日に150~200人が食堂を訪れます。なお、店内のスタッフは、約半数が入居者によるアルバイトです。

●高齢者などの利用も増加中

最近、多くなったのが、お元気で自立した生活を送っている高齢者。近隣に住む人が一人暮らしの親を近くに呼び寄せて、食堂が利用できる東郊住宅社の物件を選ぶケースが増えているそうです。また、フルタイムで働くシングルマザーによる子連れの夕食利用、自宅でリモートワークをする社会人のランチ・夕食利用も増加しています。

運営・事業の状況

●学生の100%が「食堂があるから入居」と回答

2022年春に入居した大学生にアンケートをとった結果、100%の人が「東郊住宅社の物件に決めた理由は、食堂があるから」と回答。部活の先輩つながりなどで、入学前から「トーコーキッチン」のことを知っている人は多いといいます。一般の募集サイトからではなく、トーコーキッチン目当てに、直接、東郊住宅社に問い合わせがくるほどだといいます。

●賃貸稼働率は99%、空室がないのが悩み

東郊住宅社の賃貸稼働率はもともと95%と高い水準にありましたが、食堂のオープン後は99%までアップ。紹介できる空室がないのが新たな悩みになっているとのことです。大半のお客様が食堂目当てで訪れるので物件選びに迷うことも少なく、契約業務もスピーディに進むそうです。

●家賃を上げることができたオーナーも

「トーコーキッチン」ができたことで、地域の地価が上がったといわれることもあるそうです。実際、東郊住宅社が管理する物件の中には、空室がなくなった、家賃アップができたなどのメリットを得ているケースもあるそうです。オーナーさんの中には、満室にしてもらっているお礼ということで、オーナーさんから管理費アップの提案も。こういったことから、トーコーキッチンが使える収益物件を購入したいというオーナー予備軍が30人以上いるということでした。

●緊急連絡やクレームが激減

入居者同士、会社スタッフと顔を会わせる機会があるからか、入居者からの緊急連絡は従来の8分の1に減少。また、かつては〝強い要望〟や〝クレーム〟として寄せられていたことが、〝お願い〟や〝相談〟へと変化しているそうです。

運営会社からのメッセージ

お客様の立場で考えたとき、アイデアが降りてきた

「うちに預ければ、満室になる」。物件の設備やオーナーに依存しない付加価値をなんとかしてつくりたいと思っていました。

不動産会社というのは、住まう人の暮らしをより楽しくするにはどうすればよいかということに関わることのできる希有な仕事だと思います。そして、どうすればみなさんによろこんでもらえるだろう、自分がお客さんの立場だったら、どこにお金を使いたいと思うだろうといったことを考えていたときに、新しいアイデアに出会うことができました。

淵野辺は静かで住みやすい町ですが、大きな商業施設や娯楽施設があるような町ではありません。だから、住む場所がどうしても淵野辺でなければいけないということはないのですが、最近は「トーコーキッチン」を利用したいから淵野辺に住みたいという人が増えていてうれしいかぎりです。

キッチンを開いてほんとうによかった。キッチンがなくなるのは、たぶん、ぼくが会社を閉じるときだと思っています。（代表取締役社長 池田峰さん）

＼＼ ここがスゴイ！ ／／

②株式会社 ユーミーClass（神奈川県藤沢市）

- 食堂開始以来、6年連続で3月になると全棟が満室に。
- 多いときは150人も集まるイベント・セミナーを実施。
- 学生の声を物件づくり、町づくりに生かす。

コミュニティ機能もある［食堂］とカフェ［you..and,me］
株式会社 ユーミーClass（神奈川県藤沢市）
http://www.college-terrace-tokaiuniv.com/
https://youandme-cafe.business.site/#posts
https://www.you-me-class.co.jp/

基本の仕様

【食堂】（学生向けマンション・カレッジテラス東海大学前内）

・2017年3月開業。カレッジテラス東海大学前およびユーミーClassが管理する物件の入居者専用の食堂。

・食事の利用率は50％ぐらい。多くの食事付きマンションの利用率は20〜30％程度であり、それに比べると高稼働率。

・定額2万2000円／月。毎日、朝夕の2食を提供。

ユーミーカフェ【you..and,me】

・2019年9月開業。

・ユーミーClassが管理する物件の入居者は飲食を半額で利用できる。一般の人も利用可能。

アイデアはどこから？

ユーミーClassは神奈川の湘南エリアを中心に営業所を持ち、不動産の管理をメインに企画、資産運用や相続のコンサルティングをしています。また関連会社による仲介、引越し、建築、高齢者住宅の企画運用まで幅広い事業に取り組む不動産会社です。

同社の食堂とカフェが誕生したのは、神奈川県平塚市にある東海大学湘南キャンパスのすぐ近く。学生向けの賃貸物件が林立するエリアであり、入居者獲得のための値下げ競争に巻き込まれないようにするには物件の付加価値を高めることが不可欠でした。といっても、ハード面ではどの物件も同じような工夫をしているので、設備等で差別化をするのはなかなか困難なことでした。

そんな中、2017年3月、ユーミーClassの管理物件として竣工したのが[カレッジテラス東海大学前]という学生向きのワンルーム・マンションです。全90室の大型物件で、テーマは〝安心・安全・快適〟。不動産小口化商品という事業手法による投資商品として建てられたこともあり、各室の設備や共有スペースには多くの付加価値が付けられました。

同時に、地域におけるユーミーＣｌａｓｓの位置づけをさらに高めるためには、会社と学生の結びつきをさらに強めたいという目標もありました。

学生の声が聴きたい、学生といっしょに町をよくしたい

そんなことから生まれたのが、前述のマンションの一角にユーミーＣｌａｓｓが管理する物件の入居者専用の食堂をつくることでした。さらに２０１９年９月には、同じく入居者がおトクな価格で利用できるカフェもオープンしました。

そして、マンションの食堂やラウンジ、カフェではしばしばイベント・セミナーなどを開催。同社のスタッフも積極的に参加し、ユーミーＣｌａｓｓの物件に入居したからこそ得られる体験やコミュニケーションの楽しさ、安心感などを提供しています。

行列ができるワケ

●おいしくて、バランスのよい食事

食事代は1カ月ごとの定額制。食事のたびに、支払いをする手間もなく、気楽に利用できます。

●授業の合間にも便利なユーミーカフェ[you..and,me]

東海大学のキャンパスのすぐ横にあるユーミーカフェ[you..and,me]。多彩なドリンクメニュー・トースト・パンケーキなどがユーミーClassの管理物件の入居者ならすべて半額で購入できます。

コピー機が設置され、各席にはスマホなどの充電に使えるコンセントも充実。友だちとの待ち合わせ、授業の合間の自習タイムなどにも最適です。

●楽しいイベント、役に立つセミナー

マンションの食堂・ラウンジ、カフェ、ときにはアウトドアに集まって、さまざまな季節のイベントを実施。新入生歓迎イベントには150人もの入居者が集まるのだそうです。また、ラグビーワールドカップやオリンピックの時期には大人数でテレビ観戦をするパブリック・ビューイングのようなイベントも開催しています。また、それ以外のイベントとして、企業の採用担当者による就活セミナーも定期開催しています。

●身近に事業所があるので安心

カフェの2階は、ユーミーClassの東海大エリアセンターのオフィス。居住エリアの中に位置しているので、気になることやトラブルがあったときにもすぐに駆けつけてもらえるという安心感があります。

利用者のプロフィール

●入居者の9割が学生

東海大学周辺の物件の入居者は9割が学生。食堂とカフェの利用者もほとんどが学生です。

運営・事業の状況

●6年連続で入居開始時には満室

学生向けの物件は毎年3月に入退去が集中しますが、食堂をはじめて以来、6年連続で、その時期にはすべての物件が満室になっているそうです。そのいちばんの理由は、食堂が利用できることです。

●奨学金制度を実施

一定条件をクリアした東海大学の学生に、月1万円の返済不要型の奨学金を給付。そのメンバーに月に1度集まってもらい、スタッフとともに地域をよくする方法、ユーミーClassの共有スペースの使い方などをディスカッションしているそうです。

運営会社からのメッセージ

食堂・カフェで得た経験をもとに、次へと飛躍したい

食堂がつくりたかったわけでも、カフェがつくりたかったわけでもないんですよ。そうではなくて、どうすればお客様によろこばれる付加価値がつくれるか、悪い言葉でいうとお客様をユーミーＣｌａｓｓに囲い込むことができるかということを考えていったら、食堂やカフェができたんです。

とくにカフェは完全なる赤字です。経費は広告費だと思っていて、利益は求めていません。でも、ここで得られるお客様の声は貴重で、むしろ、いずれは利用できるお客様を入居者だけに絞り込んで、無料化してもいいかとさえ思っています。利益はなくても、学生の声を聴いたり、コミュニケーションをとる中で親近感をもってもらったりというメリットもありますから、それを次に生かしていくことが大事だと思っています。

当社には失敗してもいいから挑戦してみようという社風があります。これからもこ

の東海エリアでオーナーさんや学生さんとともにさまざまなことに挑戦していってみたいと思っています。（エリアマネージャー 高橋和樹さん）

井上の目

両社とも私が一目おいている会社です。物件の付加価値づくりにおいても、オーナーさん任せではなくポジティブな姿勢で取り組んでおられ、大家としてもとてもたのもしく感じます。

ところで、昔からまかない付きの下宿というのはありましたが、いま、賃貸オーナーが個人で食事サービスを行うというのはなかなか難しいことでしょう。しかし、食は人間の暮らしの中で欠かせないテーマですから、賃貸物件の大きな付加価値になるのも事実だと思います。

そこで、個人の物件に食事サービスを付けるにはどのような方法があるか考えてみたのですが、次の4つが挙げられるでしょうか？

（1）今回、ご紹介した両社のように食堂を運営している管理会社のある地域で賃貸事業をはじめ、物件はその会社に預ける。
（2）地域の複数の賃貸オーナーと協力しあい、共同の食堂などを開業する。
（3）地域のレストラン・定食屋さん・ファーストフード店などと提携し、手ごろな値段で入居者が一定のメニューを食べられるようにする。
（4）食堂として使えるスペースを確保し、食事は配食サービス会社と提携して用意する。

（2）、（3）はスキームづくりに手間がかかるかもしれませんが、たとえば、地域の管理会社や商工会と協力しあったりしたら、道が開けるかもしれません。

一芸物件

FILE 04

親御さんも大よろこび。内定がスムーズに取れる キャリコン付きアパート

ここがスゴイ！

- 就活を応援。プロのアドバイスを就活生に提供。
- 設備等に費用をかけずに付加価値を向上、家賃もアップ。
- セミナーを手伝っていた学生たちの就職率が上がった。

じつはこれは私が保有する学生向きのアパートです。

私はいま、神奈川県郊外の大学がある町で、学生向けのアパートを運営していま す。これらの物件の一芸としているのが、学生たちの就活（就職活動）や自己分析の作業をサポートするキャリアコンサルティングのサービスです。

昨今の大学生は3年生の秋から就活を開始しますが、たとえば、どんなことからはじめればよいのか、面接に向けてどんな準備をしておくべきかといったことをわかっているかいないかで、その活動のクオリティは大きく変わります。すなわち、一生に一度の大切な就活がうまくいくかいかないかということであり、希望する企業の内定が取れるかどうかにも関わってきます。

キャリアコンサルティングのサービスは、アパートに安心感や信頼感を付加することにもなり、おかげさまで私の物件は空室知らず。さらに、新規契約分を賃料アップすることができました。

基本の仕様

- 延床面積22㎡前後。1階・2階ともにロフト付き。家賃は5万5000円前後。
- 浴室乾燥機能・IHクッキングヒーター（2口以上）・電動シャッター（1階）・テンキーロック（電子キー）・高速インターネット無料サービス・IoT（Internet of Things）機能・AIスピーカー ほか。

アイデアはどこから？

キャリアコンサルティングのアイデアは、ある入居者との会話がきっかけで思いつきました。

その日、アパートの1階に入居している学生さんから、「2階の物音がうるさいんです」という連絡が夜中の1時に私の携帯に入ったのです。さっそく現地に行って話を聞いてみましたが、騒音の正体がよくわからなかったので、まずはその場で2階の学生さんに話を聞いてみることにしました。

幸い2階の学生さんも在宅していて、玄関先で話すことができました。それでわかったのが、彼はスポーツ特待生で、練習後の深夜にバドミントンのラケットのガット張りをしていた音が階下に響いていたということでした。そういえば、自宅でのガット張りは、なかなかの力仕事だと聞きますね。

というわけで、理由がわかって、ひと安心。「夜中はちょっと遠慮してね」などとお願いし、2階の彼も素直に聞き入れてくれて、もうひと安心。

状況を1階の学生さんにも説明し、これで問題解決とホッとしてアパートから引き上げようとしたとき、その1階の学生さんからこう聞かれました。

「ありがとうございました。ところで、大家さんってなにをやってるんですか？」

「なにって……、なに？」

そのまま彼としばらく立ち話をすることになったのですが、彼は大学2年生であと2カ月で3年生になり、そろそろ就職活動を考えはじめなければいけないのだけれど、自分はいったいなにが好きなのか、なにがしたいのかがよくわからず困っていると言うのです。

「就職活動もどこからどうはじめればいいか、わからなくて……」

「ふーん、じゃあ、昼メシでも一緒に食いにいこうか？」

次の日は時間があったので、彼の話を聞いてみることにしました。

といっても、彼のことは大家として必要最小限のことしか知りませんし、いまどきの就活事情など知るよしもありません。そこで、アドバイスなどという大それたことはせず、彼の話を聞くことに徹しようと思いました。

彼は石川県出身で、大学生になって初めて県外に出たそうですが、離れてみて初めて地元のよさがよくわかったとのことでした。また、夏休みやお正月に帰省しては地元の友だちに会っているそうですが、中の一人が「漁師として活躍していて、すごくカッコよかった」という話もしてくれました。

そんな彼に私は言いました。

「地元のことをたくさん話しているね」

「あ、ほんとですね。自分がこんなに地元が好きだったとは、気づいていなかったな……」

それから話は彼の父親のことに移りました。それによると、大工として叩き上げてきた人で、現在は自分で会社を経営しておられるとのこと。彼自身は建築分野には関心がないけれど、建物というお客様にとってかけがえのない資産になるものをつくる仕事はすばらしいし、父親のことは尊敬しているとも話してくれました。

たまたま、この話の前にファイナンシャル・プランナー（ＦＰ）の資格が気になっているということが出ていたので、「資産をつくることに関心があるのなら、ＦＰに挑戦してみるのもよいかもしれないね」とだけ言い、その日は食事を終え、彼と別れたのです。

それから何カ月かして、**彼はほんとうにＦＰ資格を取得し、就職活動も順調に進んで地元の証券会社に内定し、ご両親もとてもよろこんでいるということを報告**してくれました。

あとになって、アドバイスなどせず、ひたすらその人の話を聴くことは、カウンセリングやコンサルティングの世界では〝傾聴〟というベーシックな技法の一つだということを知りました。

あの日の私のスタンスがよかったのかどうかはわかりません。しかし、自分と話をしたことが彼の人生の多少は役に立ったようだということに、**思いがけない充実感やうれしさ**を感じている私がいたのです。

それで、ハッと思いついたのです。

そうか！ 就活支援をアパートの付加価値にしよう！

就職活動や卒業後の進路についての不安は、彼にかぎらず、学生みんなが抱いていることでしょう。そんな学生たちをサポートすることができたら、よろこんでもらえるとともに、それがこのアパートの付加価値になるかもしれないと思ったわけです。

また、学生が進路に関する不安を解消し、思い通りの道に進んでくれることは、実際のアパート契約者である親御さんの願いでもあるはずです。

本格的に学生の就職支援をするにあたっては、我流ではいけないと思いました。調べたところ、キャリアコンサルタントという国家資格があることを知り、さっそく養成講座を受講しはじめました。キャリアコンサルタントとは、学生・求職者などの職業選択や能力開発に関する相談・助言を行う専門職で、たとえば、大学の就職課などで働く人ではこの資格をもっている人が大半です。半年ほど勉強したところで、筆記試験・実技試験に合格。本格的な活動や広報がはじめられるようになりました。

行列ができるワケ

●大事なイベントである就活をサポート

これからの長い人生を左右する就職活動。学生にとっては初めての経験であり、活動の仕方やエントリーシートの書き方のコツを知っているだけでも、有利な状態でスタートできます。また、大家がキャリアコンサルタントだということは、学生や親御さんに安心感を届けることができます。

●就活セミナーにも参加できる

管理会社にキャリアコンサルタントとしてより広く活動していきたいと相談したところ、その会社が運営するスペースを無償で提供してもらえることとなり、アパートの入居者およびその大学の学生を対象としたセミナーを開催することができました。

そこでは進路の選び方や就職活動の基礎知識をレクチャーしたり、知り合いの会社の経営者に来てもらって採用する側の気持ちを話してもらったり、エントリーシートの書き方を解説したりしました。これがなかなか盛況で、20人もの学生が集まってくれて、新型コロナウイルスが流行しはじめる前は、2カ月に1回の定期開催もできるようになっていました。

●管理会社にも良質物件として推してもらえる

セミナーでおもしろかったのは、**会場となったスペースのアルバイトの学生たちの内定率が上がるという事象が起きた**ことです。場所はカフェだったのですが、ボードの設営やドリンクの準備を手伝ってくれながらも、私のセミナーをちゃんと聴講していてくれたのですね。このバイト生たちの内定率アップには、管理会社や仲介会社も感心してくれました。そして、これによってお客様への説明もしやすくなったからか、私の物件を積極的に推してくれるようになったのです。

入居者のプロフィール

●ほとんどが学生

学生の町なので、入居者の9割は学生です。基本、入学時から卒業までの4年間の入居となります。属性が同じ人々が住んでいるので、どの物件にも同じようなプランニングやサービスが適用できます。

●駅に近い物件には社会人の若者も

少数ですが、物件によっては社会人も入居しています。学生向けに企画した物件ですが、社会人・シニアも歓迎します。

運営・事業の状況

●基本は、こだわりをもって建築した良質なアパート

先のページでお話しした通り、間取りや設備にもこだわって建築したアパートです。建物自体の付加価値も高い物件だと自負しています。

●最小限の費用で新たな付加価値を獲得

就活のサポートを行うにあたってかかった費用は、キャリアコンサルタントの養成講座の受講料35万円程度。設備面で手をかける場合と違い、最小限の費用で新しい付加価値をすべての物件に与えることができました。

●1室につき1000〜3000円の家賃アップを実現

管理会社からの提案もあり、新たな入居契約を結ぶ物件については1000〜3000円、家賃を上げることができました。

井上からのメッセージ

キャリコンとしてできることをさらに広げていきたい

　私はキャリアコンサルタントというサービスによって、学生さんたちの就職活動の助けになるとともに、建物の信用や安心感を深めることができました。また、それによって管理会社・仲介会社に応援してもらえるようにもなりました。

　偶然から身につけたキャリアコンサルタントという私の一芸が、保有する物件の付加価値となり、地域のオンリーワンの「キャリコン物件®」へと導いてくれたのです。

　現在は個別の相談と就活セミナーを行っていますが、さらに有意義な企画ができないかと検討中です。たとえば、アパートの一室にユニークなキャリアをもつ職業人に1カ月程度入居してもらい、学生たちとの交流（越境学習）の機会をつくったらどうかと考えています。

　キャリアコンサルティングは、学生だけでなく、各世代の社会人の役にも立てそうです。たとえば、社会に出てしばらくして迷いが出たとき、40歳前後の社会人折り返し地点での人生設計の見直し、リタイア世代のセカンド・キャリア探しのお手伝いなどが考えられます。また、「就活」ならぬ「終活」の専門家であるソーシャルワーカーの知人ができたので、この終活というテーマにもチャレンジしてみたいとワクワクしています。

まだまだあります！一芸物件カタログ

一芸物件カタログ 01

あのドラマの舞台になりました［ロケ地アパート］

モルタルづくりの味わいのある外壁、装飾性の高いロートアイアンを使った手すりやバルコニー、そして、左右に構える円筒形の2つの塔。パティオには草花や緑の木々も配され、見る角度によって、また、その日のお天気や時間帯によって、いくつもの美しい表情をもつデザイナーズ・マンションです。2021年5月完成、36㎡のワンルームまたは1DKの部屋が全22室。ウッドデッキを敷いたスペースや眺めのよい屋上、おいしい水の飲める井戸など共用スペースにも魅力があふれています。

当初は八王子駅からバス25分と立地が不利なことから満室にはならず、ご苦労もあったとか。そこで、YouTubeやInstagramによる建物の魅力の発信を開始。さらに、**東京都の『東京ロケーションボックス』というロケ地のマッチングサイトに登録**したところ、さっそくドラマの撮影に使われ、多くの人に知られるようになり、入居希望者も急増したそうです。

もちろん絵になる建物と環境があってのことですが、ロケ地という付加価値は、まさにソフト面の〝一芸〟の好例といえるでしょう。

スタジオゴルド（東京都八王子市）
http://gordes.wp.xdomain.jp/

東京ロケーションボックス
https://www.locationbox.metro.tokyo.lg.jp/

一芸物件カタログ
02
部屋の改造も壁のペイントもご自由に
「DIYし放題アパート」

2000年に建てられて以来、多くのアーティストの卵が巣立っていったという賃貸アパート。4階建・31室、三角形の中庭を囲むようにして建てられた建物に住むのは、近くの多摩美術大学・東京造形大学などに通う美大生たちです。

建物の入口にはアダムとイブのオブジェ。中庭に面して並ぶのはブルーとイエローとショッキングピンクの窓枠。居住スペースに入っていくと、花柄にデザインされた間仕切り、真っ赤に塗られた猫脚のバスタブ、大きな額や石膏像が無造作に置かれた空間など、一部屋ごとに施されたさまざまなDIYに目を奪われます。

敷地丸ごとギャラリーのようなこの賃貸アパートは、**部屋の改造自由、ペインティングも自由**。オーナーもDIYを奨励しており、ときには入居者の作業を手伝うこともあるそうです。そして、**退去時の原状復帰は必要なし**。

DIYはだれがやってもうまくいくわけではありません。創造力と技術をもつ美大生の集まる場所だからこそ、作品のクオリティも高く、美しさやユニークさがあふれる場所になっているのでしょう。これもまたソフト面での付加価値を実現している物件といえるのではないでしょうか。まさにワクワクするような物件、人気は非常に高く、空室が出ることもめったにないそうです。

アップル&サムシングエルス（東京都町田市）
https://www.instagram.com/appleandsomethingelse/

井上の提案　たとえば、こんなアイデアいかがでしょう？

木工や鉄工のクラフターが腕を磨く

[工作所アパート]

木工所や鉄工所に併設した工作所アパートはいかがでしょうか。クラフトのプロを目指す人が集まり、技術を習得しながら、作品づくりに挑むというイメージです。

オーナーが木工や鉄工の職人なら、インストラクターになることもできるでしょう。**もともとある設備・機械と、オーナーの技術・経験を有効活用**する中で、次世代の職人を育てることもできるかもしれません。昔々、漫画家志望者が集ったトキワ荘のようなイメージです。

ガラス工芸や陶芸、時計修理やオモチャ修理などもあるでしょうか。管理人がスタイリストさんで、的確なコーディネートアドバイスによって「住むと服のセンスがよくなる」というのもおもしろそうですね。

一芸物件カタログ 03

スパイスにまみれて暮らしたい人が集う場所
[カレーシェアハウス]

カレーやインド料理を愛する人々が、日々、カレーをつくったり、**カレーの研究・実験をしたりするコミュニティがあり、その活動の拠点となっている**のがこのシェアハウスなのだそうです。

カレーづくりに没頭できるキッチンとライブラリが充実。

定期的に外部の人にカレーを食べてもらう機会もつくっているそうです。

東京マサラ部室(東京都中野区)
https://note.com/philosophycurry/n/n04c1feb66a7f

一芸物件カタログ

04

バーを経営したい人はここでまず練習［飲食店スペース付きアパート］

飲食店を経営してみたいと思っている人、1日だけレストランやバーのマスターをやってみたいと思っている人、ワンルームマンションでも快適で動きまわりやすいキッチンで存分に料理をしてみたいと思っている人……。そんな人たちの思いを叶えるのが、**飲食店スペースや大型キッチン**の付いた賃貸住宅です。

東京都渋谷区の［SMI:RE DINER］（スマイルダイナー）は、日ごとにオーナーが代わるテーマバー。経営者が賃貸住宅も運営しており、その入居者ならこの飲食店スペースを借りて1夜だけの自分の店をオープンすることができます。

SMI:RE DINER（東京都渋谷区）
https://diner.smi-re.jp/#calendar

一芸物件カタログ
05

家庭菜園ライフを思う存分満喫できる［家庭菜園付きアパート］

週末になると貸し農園で野菜づくりに勤しむ人がたくさんいますが、その活動をもっと本格的にしたい人に向けてつくられたのが家庭菜園付きアパートです。

今回ご紹介している物件の場合は、住戸のすぐ横に枕木で囲いをした菜園スペースを用意。水栓やＬＥＤライトを設置したり、使いやすい道具置き場をつくったり、作業に便利な土間があったりと至れり尽くせり。本格的かつおしゃれな家庭菜園ライフの広がりを感じます。

オーナーが元農家の人であれば、元農地を賃貸住宅に転用し、その広い土地を入居者に活用してもらうのもいいでしょう。**自身が培ってきた野菜づくり・土づくりのノウハウ**を生かして野菜づくりのアドバイスをすることができたら、それも付加価値となるはずです。また、収穫した野菜でバーベキューパーティをする、料理教室をするなど、楽しみ方がさらに広がったら、「あのアパートがあるから、この土地に住みたい」と、郊外の交通不便なところだったとしても、その土地がグッド・アドレスになるかもしれません。

キャッスルハイム（愛知県瀬戸市）
https://www.nissho-apn.co.jp/androom/05/

一芸物件カタログ 06

居ながらにして、テント寝・ランタン・キャンプ飯
[おうちでキャンプ・アパート]

アウトドアが好きでたまらない人に、いっそ、家でもキャンプ気分が味わえるようにとつくられたのが、この土間のあるマンションです。

土間の部屋には大きな窓があり、ベランダと一体化したような空間デザイン。ここでキャンプ飯をつくって食べたり、テントを張って眠ったりといったことができます。家に居ながらにして、非日常にひたる時間となるのではないでしょうか。

じつは地元のアウトドア用品のセレクトショップの協力を得て、実現した物件だそうです。キャンプ・ギア選びや、それらの配し方についてのアドバイスをもらったとのこと。**地元企業と提携し、物件の付加価値づくりに生かす**という手法は、ほかにもさまざまに考えられるかもしれませんね。

ソシアウエストI(愛知県名古屋市)
https://www.nissho-apn.co.jp/androom/03/

一芸物件カタログ
07

演奏家はもちろん、レコード・リスナーにも好評
［音楽賃貸］

昔から音楽大学の周辺にはピアノの弾けるマンションがありますが、最近の防音賃貸物件には、**趣味で楽器を演奏する人や、レコードやCDを大音量で聴きたい人など、幅広い入居者が集まっているようです。**

首都圏各地で展開する［ミュージション］の場合は、全室に防音設備を完備。入居者なら安価で借りられるレンタル・スタジオやセッション・ルームも併設されています。遮音性能のみならず、音の響きをよくする建材を使用するなどきめ細かい設計がなされています。音響製品は高価であり、専門知識も必要となるので、個人のオーナーがこのレベルの賃貸物件をつくるのはかなり難しいですが、たとえば、東京の渋谷・御茶ノ水などの楽器店街といった**バンド人口の多いところで、ロック系やジャズ系に絞った練習スタジオ付き賃貸物件をつくるという方法はあるでしょうか。**

ミュージション（東京・神奈川・千葉・埼玉）
musision.jp

一芸物件
カタログ
08

60年代のリヴァプールのパブに迷い込んだような［ビートルズ・アパート］

外観からしてもう、イギリスのパブかライブハウスのよう。しゃれたコンクリート打ちっぱなしの建物に、アンティークな味わいの照明器具や郵便ポストが素敵なアクセントになっています。そして、空間のあちこちに配されているのが、ビートルズの写真やモニュメントです。ユニオンジャックも飾られ、まさにビートルズ・フリークのための賃貸アパートです。共用スペースにはいつもビートルズの楽曲が流れているのだそうです。

ビートルズぐらい普遍的な存在になると、アパートのテーマになりうるのですね。ならば、同様に**ファンという切り口**で考えてみると、宝塚マンションとか、映画のスターウォーズ・マンションなども成立するでしょうか？　ただ、いずれの場合も著作権に抵触しないようには気をつけたいですね。

BEATLES FOREST（大阪府吹田市）
https://www.designers-osaka-chintai.info/detail/id/2832

一芸物件カタログ
09

海の近く、ボード置き場も用意された［サーファー専用アパート］

いくつか先例のある、サーファー向けのアパートです。海に近く、ボード置き場があって、外にシャワーが付いているというのが基本の形です。

ここにご紹介する千葉の物件では、入居者に比較的豊かな人々を想定していて、イメージは東京の企業経営者なのだそうです。可処分所得が高く、経費で物件を借りられるという利点があるからで、実際、入居者の中には**「週末を楽しむ家」**として借りている人も多いようです。

なお、地元のサーフショップと連携すると、プラスαの情報やサービスを付加することもできるかもしれません。

TaitoStyle（千葉県いすみ市）
https://www.rakumachi.jp/news/column/117431

一芸物件カタログ 10

スポーツ・ジムに住みたいというマニアの夢を叶える[筋トレ・アパート]

トレーニング・ルームを完備したマンション。

毎日、必ずトレーニングしたい人、運動はしたいけれど、忙しくてジムに通うのが難しい人などに好評です。

いずれも地元の仲介・管理会社がスポーツ・ジムと提携し、マシーンの導入や一人でもできるトレーニング方法の提案をもらいながら実現したそうです。つまり、管理会社と地元企業のコラボレーションという事業形態ということですね。

ここまで本格的なものは個人のオーナーにはなかなか作れませんが、マシンをいくつか設置したトレーニング・ルームならできるかもしれませんね。

ただし、トレーナーなどの管理者がいないスペースになるので、室内にトレーニング設備を設ける場合は、事故などのリスクがないよう十二分に備えたほうがよいと思います。

そのほか、ボルダリング・アパートというのもあるようですが、こちらもプロのインストラクターを常駐させたり、万が一の事故に対応した保険の加入も考える必要があるでしょう。

グランドコート88（愛知県名古屋市）
https://www.nissho-apn.co.jp/androom/01/

トミーズふきあげ（愛知県名古屋市）
https://www.nissho-apn.co.jp/androom/02/

一芸物件カタログ 11

9つの部屋それぞれに驚きの趣味スペースを設計
[趣味のデパート物件]

元農地を利用して建てられたテラスハウス。将来にわたっても選ばれる物件であるようにと、9つの部屋それぞれが本格的な趣味の空間としてつくられました。

最寄り駅までは都心から乗り換え含めて50分前後かかり、駅から建物は徒歩15分弱。80～110㎡で設備のコストにもよりますが、家賃は管理費を含め約18万～25万円。半数以上の部屋に空室待ちのお客様がエントリーしています。

typeA　ガレージ付き。大きな輸入車を2台入庫可。
typeB　自転車用。10畳の土間と勝手口のある部屋。
typeC　ボルダリング。4mの本格仕様。ロフト付き。
typeF　フィットネス。ランニングマシン設置可。大型ミラー付き。
typeG　ゴルフ。天井高2800mmのゴルフシミュレーター付き。

type L 読書部屋。大型書棚を設置した吹き抜けの部屋。

type M ガレージ付き。車の横にはバイクも置ける。

type S 音楽教室。ピアノも演奏可能な防音仕様。

type W 陶芸用。土間と専用水栓のついた部屋。

ガルガンチュア（千葉県柏市）

https://www.okumiyaen.com/

一芸物件カタログ 12

ゴルフ三昧の夢の暮らしを実現
[ゴルファー・マンション]

発端は、高齢者住宅の空室がなかなか埋まらないことだったそうです。そこで、企画会社に相談し、大がかりなリノベーションを決行。そうして生まれたのがこのゴルファー・マンションです。

2021年3月に完成。建物内には、住人専用の鳥カゴ練習場、ゴルフシミュレーター、バンカー練習場、屋内パター練習場などを完備。住戸数は20室で、女性専用住居スペースもあるそうです。

周辺はゴルフ場が多数あり、ゴルフショップも林立し、まさにゴルファー向けの環境といえる立地です。約6000万円の総改修費はすべてオーナーが負担しましたが、このまま**満室経営がつづけば、5年以内に回収できる**見込みとのことです。

ゴルフリビング古河(茨城県古河市)
https://www.re-port.net/article/topics/0000045304/

一芸物件カタログ
13

熱帯魚や爬虫類と快適に暮らせる［アクアルーム付きアパート］

自身がアクアリストであるオーナーが、アクアリストのためにプロデュースした賃貸住宅です。

一般の賃貸住宅では、湿気やにおいの問題から大型水槽の設置が禁止されています。熱帯魚やヘビ・トカゲなどの爬虫類が好きな人は、大家さんや管理会社にこっそりと隠れながら飼っていることが多いといいますが、アクアルームのあるこのアパートなら水槽をいくつも並べて、美しい熱帯魚や水草を配したアクアリウムや、爬虫類の生態を模したビバリウムを楽しむことができます。

アクアルームの床には、複数の水槽の重量にも耐える強度を確保。床は土間なので、大量の水がこぼれても心配ありません。さらに、屋根には太陽光パネルを設置して太陽光発電をしているので、万一の停電のときにもエアポンプやエアコンが止まることはありません。

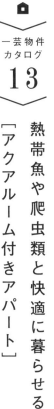

富士見市の物件は美容院をリニューアルしたもので、現在はショールームとして公開しています。そして、オーナーがプロデュースするアクアハウスは埼玉県内などに増えつつあります。中古の一軒家をリノベーションするような手法で現在6室までできています。

ショールーム（埼玉県富士見市）
https://www.wakuwakuchintai.com/wakuchin/wakuchin-026/

アクアハウス・プロジェクト
https://www.wakuwakuchintai.com/category/aquahouse_project/

井上の提案◯ たとえば、こんなアイデアいかがでしょう？

幸せな猫を増やすお手伝いができる

「保護猫預かりさんアパート」

猫専用アパートについて勉強をしていたら、保護猫の預かりさんというボランティアがあることを知りました。テレビやYouTubeで、サンシャイン池崎さんがされている活動として知っている人も多いと思います。

保護されたばかりの猫は人慣れしておらず、病気をもっていることも多いので、清潔で安全な環境でバランスのよい食事を与え、徐々に慣らしたり、動物病院に通って健康状態を整えたりし、その後、保護猫の譲渡会などで里親さんを探すのだそうです。

このボランティアを保護団体から個人で引き受けている人は多いようですが、投薬の必要な猫がいるとなかなか家を空けることもできません。そんなとき、預かりさんアパートなら入居者同士で手を貸しあったりすることもできそうです。アパート内に譲渡会の会場になるようなスペースが設けられると、なおよいかもしれません。

一芸物件カタログ
14

自転車ライフをぐんと楽しくする［サイクリスト・アパート］

賃貸住宅には自転車置き場があるものですが、ロードバイクなどこだわりの自転車を持つ人は、自室に大切に置き、メンテナンスなどにも精を出したいと考えるものです。

そんな自転車好きの人のための賃貸住宅はすでにたくさん誕生しています。こちらにご紹介する物件では、各室にバイクを掛けるラックなどを用意し、共有スペースには専用ツールの揃ったメンテナンス・スペースやローラー台などを置いたトレーニング・コーナーなど、さまざまな工夫がなされています。コロナ禍以降、公共交通機関の代わりに自転車に乗るようになり、その楽しさに目覚めたという人は増えています。一方で、サイクリスト向けの賃貸はまだ少ないといわれているので、**立地やターゲットに合わせた付加価値を付けた**専用アパートを企画してもよいかもしれません。

LUBRICANT ARAKAWA BASE（東京都江東区）
https://www.livwiz.jp/lubricant/

一芸物件カタログ
15
映画館のある家
［シアター付きアパート］

こちらでご紹介する物件は、かなり本格的なシアターの付いた賃貸物件です。

〝ソーシャル・アパートメント〟と呼ばれる全123室の大型物件。居室は13・4㎡のワンルームですが、カフェのようにも使えるおしゃれなワーキングラウンジ、フィットネススタジオ、フォトスタジオなど多彩な共用スペースが建物内には用意されているので、彩り豊かな暮らしが実現できそうです。

FILMS和光（埼玉県和光市）

https://www.social-apartment.com/builds/saitama/wako-shi/view/55

COLUMN

この世には、〝旧型大家〟と〝新型大家〟が存在する！

私は大家さんには、旧型大家と新型大家の2種類があると思っています。

旧型大家の代表は、親や祖父母の代から賃貸アパートがあったので、家業として当たり前のように継いで現在に至るという人々です。

なんとなく大家になったので、あまり戦略的に賃貸事業を考えることはありません。代々の土地なので、売ったり、買い換えたりということはためらいがちです。いつも受動的なスタンスにあり、建物が老朽化し、家賃がどんどん下がることを嘆きながら、故障や修理の対応に追われているというイメージです。

一方、新型大家は自らの選択で大家となった人々で、賃貸アパート・マンションの経営を〝事業〟として捉えています。目的意識がはっきりとしているので、立地選び・物件企画・付加価値づくりやその後の運営についても戦略的に考えることができます。企業体験のある人も多く、つねに能動的なスタンスで、自分が積んできたキャリアやマーケティングの視点を賃貸事業に生かすこともできます。

なお、既存資産の見直しを通して、旧型から新型に進化する人もいれば、ただ物件を買うことが目的となり、新型から旧型へと退化する人もいるということをつけ加えておきましょう。

両者の違いには、このあともいくつか触れていきたいと思います。

第2章

自分だけの一芸物件をつくろう

これだ！という一芸の見つけ方と
事業への落とし込み方

一芸が見つからない？　大丈夫、自分を見つめ、世の中を見つめていたら、「これだ！」というものに出会えるはず

この章では、**ほかの物件にはない付加価値をもつ一芸物件のつくり方**についてお話ししていきましょう。

最初のステップが、自分だけの一芸を見つけることです。

先にも書いたように、「ほかにはない付加価値なんて、そんな簡単に見つかるものではない」と言う人は少なくありません。しかし、**一芸のヒントはあなたの身近にも必ずあるはず**です。

一芸の見つけ方について、以下、大きく**4つのアプローチ**をご紹介しましょう。

一芸さがし①自分の〝得意〟や〝夢〟を一芸にする

一芸物件のつくり方について聞かれると、私はよく**「1本のバナナからおいしいスイーツをつくることだと思うんですよ」**とお話しします。

ある人がバナナ屋さんを開業したいと思ったとします。

せっかくなら、人口が多く、ほうぼうから大勢の人が訪れるにぎやかな町で、願わくば、お金持ちがたくさん住んでいるところに出店したいと思いますよね。

住人は多ければ多いほどバナナはたくさん売れるでしょうし、経済的に豊かな人が多ければ、値段を高くしても買ってもらえそうだからです。でも、そんな立地に店舗を構えるにはそれなりの資金が必要ですから、新人のバナナ屋さんにはなかなかできることではありません。

というわけで、その人は郊外のやや地味な町にバナナ屋さんを開くことを選びました。小さな町ですが、バナナを売っている店はほかにもいくつかあります。そんな中でも多くのお客様を獲得し、しっかりと売り上げを上げていくにはどうすればよいでしょうか？

じつはこのバナナ屋さん、**お菓子づくりが特技だったのです。そこで、バナナタルトをつくってみた**んですね。そうしたら、なんと、これがとてもおいしい！　ミントの葉を飾ったりしたら、見た目もおしゃれに！　というわけで、バナナを買いにきたお客様が「ついでにそれも」と買っていってくれたり、「きょうは家族の誕生日だから」とわざわざ買いにきてくれたりもする人気商品になっていきました。

一芸のあるバナナ屋さんになったわけですね。

まわりのバナナ屋さんは生バナナのおいしさや鮮度で競い合っていますが、それだけではなかなか差別化ができません。また、おいしいといっても、1本100円のバナナを120円、130円に値づけするのは難しいことでしょう。日によっては売れ残りのバナナが出てしまう心配もあります。

一方、バナナを使ってたくさんの人をワクワクさせるような商品ができたら、その商品は200円でも買ってくれる人がたくさんいるはずです。「知り合いからもらっておいしかったから」という人たちが、ちょっと離れた町から買いにきてくれることも期待できます。そのころには、毎日、たくさんの人が訪れる行列のできる店になっていることでしょう。

バナナの夢はまだまだ広がります。

このバナナ屋さんがバナナ農園を持っていて、おいしいバナナを生産する達人だったとします。そうしたら、バナナを売るだけでなく、栽培のノウハウを多くの人に教えるようになり、やがてはバナナ先生として知られる人物になるかもしれません。

つまり、**みなさんの得意や好き、願いや夢などが一芸へと発展する可能性は十分にある**ということです。

仕事経験・キャリア
人生経験
資格・免許・免状
スクール・お稽古事
得意なこと
詳しいこと
趣味・好きなこと
夢の暮らし
日常生活のここをラクにしたい

挑戦してみたいこと

みなさんはどんなキャリアをおもちですか？ 得意としていること、こんな暮らしがしてみたいなと思っていることはなんでしょうか？ **実現できるかどうかはあとでゆっくり考えるとして、まずはイメージを大きく広げてみてはいかがでしょうか。**

一芸さがし②時代が求める一芸を見つけよう

最近、「ドラマは1・25倍速で観る」という人が増えているそうです。

昨今は地上波のみならずＮｅｔｆｌｉｘなどさまざまな動画配信サービスがあり、それぞれ独自のドラマを制作したりして、しのぎを削っていますよね。視聴者もたくさんのコンテンツを観たいと思っているわけですが、自分時間を大切にするために、少し早送りで観ているというのです。ストーリーに影響のない情景描写などは飛ばしてしまう人も中にはいるのだそうです。

音楽も同じで、近年はストリーミング・サービスやＹｏｕＴｕｂｅなどの動画で次々に聴いていく人が増えているので、ヒット曲はイントロの短い曲ばかりなのだとか。イントロが長いと1メロに入る前に飛ばされてしまうからです。

ちなみにアパートは元々定額料金でサービスを提供するサブスクだと考えると、常に新しいサービスを提供していかないと〝やばい〟と感じるのは私だけでしょうか？

作業時間を短くする〝時短〟という言葉はすっかり定着しましたが、それがさらに進化した〝時産〟の時代がはじまっているようです。

文字通り、時間を生み出すということで、わかりやすい例では、ロボット掃除機やネットスーパーを活用することで自分のスケジュールから掃除や買い物の仕事を外し、その時間は自分時間として確保することを意味します。

キーワードは〝代行〟とか〝居ながらにして〟とか〝テクノロジー〟といったところでしょうか。

ほかにも、キッチンの換気扇掃除は業者に頼むとか、買い物と調理の作業を省略するために1食分のカット野菜と肉と調味料がセットになったミールキットを利用するとか、ドラム式洗濯乾燥機や食洗機を使うとか、さまざまな形で実践されています。とくに家事にまつわるものが多いのですが、**〝時短〟には手抜きのイメージがあったのに比べ、〝時産〟には暮らしのゆとりを生むというニュアンスが強く含まれている**ようです。

一芸物件が生まれるきっかけは、こんな時代変化の中にもあります。

〝時産〟のほかにも、少子化や子育てのあり方の変化、ジェンダーレス社会、結婚観の多様化、SDGsの実践、都会から田舎への移住志向、サブスクリプション・サービスの台頭、SNSの定着などさまざまなことが挙げられます。ご存じの通り、サブスクリプション・サービスは、毎月、定額を支払って〝利用〟する仕組みです。音楽や映画などのストリーミング・車・家財道具・ミネラルウォーター・ビールなど多彩な分野に広がっていますよね。

このように、**ますます多様化する価値観とライフスタイルを背景に、ニッチながら**

もたしかな一芸が見つかる可能性は十分にあると思います。

さらに、ここ3年弱で私たちの暮らしを大きく変える要因となったのが、**新型コロナウイルスの感染拡大**です。

コロナ禍はまさに災厄でありますが、一方では、**仕事の形や人々のライフスタイルの変化を加速させるという思いがけない効果をもたらしました。**とくに大きいのがテレワークの一般化です。いまはすでに緊急事態宣言などが出されることはなくなり、通勤も制限なくできるようになっていますが、多くの企業・団体では在宅勤務が一定の割合でつづけられています。

テレワークによって通勤の必要がなくなったことで増えたのが、家で過ごす時間です。そこからは、おうち需要や巣ごもり消費という言葉も生まれ、人々は従来とは違うライフスタイルを送るようになりました。たとえば、家族の時間、自分の時間、家庭のことをする時間、趣味の時間、自己鍛錬の時間などが増え、それに伴い、いままでとは違う時間の過ごし方、消費行動などがとられるようになったわけですね。

「趣味の時間が増えた」
「ネット通販の量が増えた」
「機器を揃えて音楽の配信をはじめた」
「自宅で映画やドラマを楽しむためにペイTVに加入した」
「運動不足になりがちなので、自宅でエクササイズをはじめた」
「家にいる時間が増えたので、ペットを飼いはじめた」
「三密の心配のないキャンプにハマッた」
「資格を取るべく、オンライン・セミナーを受講している」
「ネットでできる投資をはじめた」
「料理が楽しくなり、本格的な調理道具を導入した」
「フード・デリバリーをよく使うようになった」

ここからも一芸物件が誕生する余地はありそうです。その多くもやはり〝居ながらにして〟は大きなキーワードになりますね。

また、テレワークならどこに居てもできるから、自然あふれる田舎に家族で移住した、都市部を離れて実家方面にUターンしたという人々も多いと聞きます。そうした人たちは、賃貸住宅にどのようなモノ・コトを求めているのでしょうか？

時産・時短

少子化・子育て

高齢化・介護・シニアライフ

ジェンダーレス・結婚観の変化

ＳＤＧｓ

移住・Ｕターン

サブスクリプション・サービス

テレワーク・Ｗｅｂ会議・オンライン

ネットショップ・デリバリー

非接触
5G・インターネット
YouTube・SNS・配信

一芸さがし③気づきや問題意識から一芸を導く

一芸は、**まわりの人とのコミュニケーションや生活実感における気づきや問題意識がきっかけとなって見つかることもあります。**

私のキャリアコンサルティング付きのアパートがまさにその一例です。先にお話しした通り、入居者の学生さんとの会話から、大学生にとって就職活動は大きな関心事であることを知り、そのサポートができればという発想につながっていったわけです。

住む人の役に立つ、住む人に安心感を届けるということも、有意義な一芸といえるでしょう。

一芸さがし④弱点を逆手に取った一芸づくり

先ほどのバナナ屋さんの例で言うと、バナナタルトの魅力が口コミで広がっていくにつれ、「その評判のバナナタルトをぜひ食べてみたい」と遠隔地からもわざわざやってきてくれるお客様が増えていくことが期待できます。

私たちも、ものすごく田舎だけれども、ものすごくおいしいお蕎麦屋さんがあると聞けば、車で片道2~3時間かかるのだとしても「食べに行ってみよう」という気になったりしますよね。この場合は、**不利な立地だからこそ、「田園風景の中にポツンと佇む素朴なお蕎麦屋さん」というイメージが魅力の一つとなったり、遠くまで行って食べることが尊い経験とみなされたりする**ようになることも考えられます。

つまり、一芸に長けた商品は、**新たな需要をつくったり、一般常識を変えたりする可能性**さえも秘めるのです。

賃貸事業の場合、田舎の地価の安いところで一芸物件を成功させることができれば、少なめの初期投資で高い利回りを確保することも可能になることでしょう。

第1章でご紹介したガレージハウスは郊外立地ですが、いつも車で移動しているカー・マニアの入居者には駅からの距離など関係ありません。土地代が節約できる分、物件の価値向上に資金を回せますから、いっそうお客様によろこばれ、資産価値の高い物件をつくることもできるでしょう。まさに弱点を逆手に取った一芸といってよいと思います。

ほかにも、土地が狭いとか、土地の形状が変わっているなど不利な条件の中で事業展開しなければならないときもあるかもしれません。

実際に、都心の狭い土地を有効利用した「デスクに座ったまま食事も勉強も完結できる〝激セマ物件〟」が人気物件となっているようです。なんでも広いのがいいと考えがちですが、こんな発想もあるのですね。

そして、人生は掛け算、物件づくりも掛け算です

付加価値の形はさまざまです。間取りやハード面設備だけでなく、サービスなどのソフト面でこれまでになかったような魅力を生み出すことも可能です。**ソフト面の付加価値なら、大きなお金をかけなくても実現できる可能性も大**です。

私の保有する学生向けのアパートの場合、テンキー(電子キー)やＩｏＴ機器を設置することで、ハード面でも一芸といっていい物件になっています。そこにキャリアコンサルティングという一芸を加えることで、いっそう存在感を強めることができました。

人生は掛け算、物件づくりも掛け算です。お一人おひとりのキャリア、個性、感性などを存分に生かし、そして、掛け合わせて、自分だけの一芸物件を実現していきましょう。

やみくもなスタートはいけません。賃貸事業には、はっきりとした目的意識と事業のマインドが不可欠

多くの場合、賃貸事業は金融機関から融資を受けて行う事業ですから、失敗は許されません。空室が出て家賃収入が減ってしまったりすると、ローン返済に支障が出る場合もありますからね。

事業として確実に運営していくためには、**優れた一芸をもつことに加え、このスタート時点でしっかりとした目的意識をもち、十分な計画とシミュレーションに基づく事業計画を立てていくことが必要**です。

そのためには、大家さん自身が勉強し、考える力や物件を見る目を養うことも不可欠です。また、一人でなにもかも決めないで、各分野の専門家のアドバイスを受けることも非常に大事なポイントとなります。

さっそく、**あなた自身の賃貸事業の目的意識について確認**していきましょう。

なぜ、あなたは賃貸事業を選ぶのか？

大家さんの中には賃貸事業を**「ふわっ」とした動機ではじめる人が意外と多い**のだそうです。「ふわっ」は言い換えると「なんとなく」となるでしょうか。

土地が余っていたとか、資金にゆとりがあったということかもしれませんが、あまり深く考えず、「とりあえず、アパートでも持っておこうか」というかんじでスタートする人が多いらしいのです。

しかし、「なんとなく」では後悔することが多いといいます。なぜなら、賃貸事業は長期間にわたってつづいていきます。その間には入居者の募集や入れ替え、建物の管理や経年に伴うメンテナンスなど、**それなりに手をかけていくことが必要で、しかも、空室リスクがあったり、資産価値が変動したりという可能性もはらんでいる**からです。

さて、**あなたはなぜ、資産運用の術として賃貸事業を選ぶ**のでしょうか？

資産運用の方法は、株式・債権・FX（外国為替）・投資信託・つみたてNISA・個人型確定拠出年金iDeCo・生命保険などほかにもいくつもあります。

たとえば、老後に備えたいという目的であるならば、大化けはしないけれど、着実に運用ができる投資信託や、非課税で資産形成のできるつみたてNISAやiDeCo、年金型の保険商品などを選んだほうが、手間がかからず確実といえそうです。

管理会社さんに聞いたところによると、**「なんとなく」の大家さんは、賃貸物件を保有することが目的になっていて、その先の運用についてのイメージをもっていない**ことも多いそうです。中には、家賃収入のことだけが頭にあって、管理費用や固定資産税、修理費用などのことが見えていない人も多いとか。どんな事業もそうだと思いますが、いいところしか見ていなかったとしたら、それはうまくいかないと思いませんか？

私の場合、はじまりは十分な老後資金をつくることが資産運用の目的でした。そして、株式投資などを経験するうちに、自分しだいで収益性がコントロールできる資産運用の方法を求めるようになり、行きついたのが賃貸事業だったわけです。

賃貸事業にはそれなりの手間がかかりますが、物件の企画を考えたりすることが楽しく、手間を手間と感じることもあまりありません。その意味でも、私にとっては賃貸事業が資産運用の術としてベストだったのかと感じます。

ただし、**資産運用は不動産だけ、株式だけとはせず、複数の手法によるポートフォリオを組むとよいといわれますが、私もそれには賛成**です。メインはあくまで賃貸事業ですが、ほかに株式やｉＤｅｃｏなどにもある程度の分散投資をしています。

みなさんも、「なぜ、賃貸事業に興味をもったり、実際にはじめてみたいと思ったのか」、「なぜ、ほかの資産運用の方法ではなくて、賃貸事業を選ぼうと思ったのか」を**自分の中でしっかりと確認してみてください。**

一人で考えるのではなく、銀行の人や管理会社の人、ご家族などとブレインストーミングをしてみるのも有意義なことだと思います。

はじめるからには目的意識をしっかりと

賃貸事業を行うにあたっては、明確な目的意識をもつことも大切です。

「入居者に、どんな便利さ、快適さ、ワクワクする思いを届けたいのか？」

ということですね。さらに一芸物件に関しては、次のところまで考えられたらベストだと思います。

「世のため、人のために、この物件をどう役立てることができるか？」

第1章でご紹介した田中さんは、「住まいの下がガレージだったら便利だろうな」というのがきっかけで、自宅兼用のガレージハウスをつくられました。

つまり、スタート時の目的は「快適な住まいをつくること」だったわけです。それがやがて、「車好きの人が愛車と暮らし、そのすばらしさを堪能できるような賃貸住宅を実現する」という第2の目的に発展したわけですね。

猫専用アパートのオーナー・木津さんのアパートづくりは、「人と猫が快適に暮らせる住まいの実現」を目指してスタートしました。

それと並行して資格を取って勉強したり、さまざまな情報にふれたりしていくうちに、「猫と一緒に積極的に住みたいと思える賃貸住宅を増やすことで、殺処分される野良猫を一匹でも減らしたい」という使命感のようなものも感じるようになったといいます。そして、現在はそのことも念頭におきながら、猫専用アパートのプロデュース業に力を入れておられます。

お二人の例をうかがうと、**専門分野への理解をより深め、賃貸事業の経験も積み重なっていくうちに、目的意識そのものも育っていく**ような印象をもちます。

私も初めは「学生が快適に住めるアパートを供給する」というシンプルな目的でアパート経営をはじめました。

そして、国家資格キャリアコンサルタントという一芸を得てからは、学生たちの役にもっと立ちたいという思いが強くなり、セミナーや個別相談のできる体制を整えました。さらに現在は、より広く若い社会人、中堅以上の社会人、ときにはシニアライフや終活を考える人々など、広い世代の人々に情報提供やサポートを届けたいという気持ちも高まり、それを実現するための方法を探っているところです。

というわけで、あなたの中にある賃貸事業の目的意識はどのようなものでしょう？

目的意識がはっきりしていないと、**ハウスメーカーや建築会社に言われるままにアパートやマンションを建ててしまい、ふと気づいたら、まわりにも同じような物件が乱立していたということもありがち**です。賃貸市場は飽和状態にありますから、新築のときはよくても、次の入居者の入れ替えのときに空室が埋まらず、苦労しないともかぎりません。

たとえば、20㎡で8室つくるのであれば、どんな人に入ってもらい、どんなふうに暮らしてもらいたいかというところからイメージをふくらませ、競争力の高い物件の実現を目指すことが大切です。そのとき、一芸が決まっていれば、イメージも広がっていきやすいし、物件のプランニングにも楽しさやはりあいが感じられると思います。

COLUMN

旧型大家 vs 新型大家①

税金対策でアパートを建てる?

一昔前の建築バブルの時期には、収益ではなく、節税を目的にアパートなどの賃貸住宅を建てる地主さんがたくさんいました。

住宅をつくるとその土地に住宅用地の特例が適用され、敷地面積のうち200㎡以下の部分は固定資産税・都市計画税が更地の場合の6分の1に圧縮されます。さらに相続税評価額も住宅を建てると更地に比べて大きく下がるので、万一の相続が起きたときも相続税を節税することができるのです。

たしかに、更地には高い税金がかかりますから、未利用のままではマイナスの資産ともいえるでしょう。ただ、目的が税金対策だけで、アパート運営にきちんと関われないとしたら、空室ができたり、建物が老朽化したりするうちに、その物件はお荷物になっていくかもしれません。

税金対策を本気で考えるのであれば、地主さんであっても賃貸経営以外の方法もさ

まざまに検討すべきだと思います。たとえば、その土地は手放し、売却益を国債や株式投資で運用するなど、より効果的・合理的な方法もあるはずです。やはり専門家に相談し、ベストな方法を見つけることが大事だと思います。

その方が子孫にちゃんと資産を残すという意味で、ご先祖さまも望んでいることではないかと私は思っています。

〝妄想家賃〟にだまされるな

前項の話にもつながりますが、ハウスメーカーや建築会社にすすめられるままにアパートやマンションを建てたところ、「想定していた家賃収入が入ってこなかった」というオーナーの悩みをよく聞きます。

その理由としていちばん多いのが、**ハウスメーカーや建築会社の提案書に記載されていた想定家賃が地域の相場より高めに設定されていた**ということです。

これはしばしば**〝妄想家賃〟**といわれます。（ちなみに新築の場合の家賃として「新築プレミアム」と表現することもありますが、詳しくはP233をご覧ください。）

想定家賃が相場より高ければ、新築でも入居者が決まるには苦労が伴います。その結果、空室が出てしまった、その空室が埋まらないので家賃を下げたという悪循環が起こり、提案書に書かれていた数字より明らかに少ない家賃収入しか入ってこないということになるわけです。

しかも、提案書には不動産事業にかかる税金や経費が記載されていないこともあり、**ローン返済や管理費・修繕費等の支払いをすると、収益がほとんど出ないなどということさえある**と聞きます。

大家である以上、賃貸事業には主体性をもって取り組むことが必要です。自分なりに勉強し、地域の相場を知ったり、物件を見る目を養ったりするべきです。そして、提示された数字が適正かどうかを判断することができれば、〝妄想家賃〟にだまされることもないはずです。

賃貸事業は文字通り〝事業〟です。同じ不動産関連でもワンルームマンションや不動産小口化商品を購入した場合は投資といってかまいませんが、賃貸事業は運用して初めて収益を得ることができます。つまり、ゴールは物件の購入ではなく、家賃収入を得て、一方ではローン返済、固定資産税などの税金、リフォーム・修繕費などを拠出しながら、何十年もの間、回していくことが求められる……、あらためてこのことを確認しておきたいと思います。

貸借対照表に親しんでおこう

企業にお勤めの人の中には、貸借対照表（バランスシート）をよく使うという人も少なくないことでしょう。貸借対照表では左の3つのことがわかりますが、資産と負債のバランスを見ることは賃貸事業においても欠かせません。

貸借対照表（バランスシート）
（A）保有する資産
（B）返済義務がある負債
（C）純資産（A－B）

しかしながら、**賃貸オーナーの中には、事業計画を立てていない人が多く、**また、

表面上の収支だけを見ていて、貸借対照表の見方も知らない人が少なくないといわれます。

ここでは詳しくは解説しませんが、賃貸事業を行っていくにあたり、簿記関連の書物に詳しく書いてありますので、ご自身で調べてみてください。本を読み、知識を身につけることで、資産状況を適切に把握できるようにしておくことが大切です。

また、次では、不動産事業や自分のキャリア形成に参考となる書籍もご紹介します。

・新・お金が貯まるのは、どっち!?：アスコム：菅井敏之
・生涯現役で稼ぐ「サラリーマン家主」入門：プレジデント社：永井ゆかり
・大手広告代理店マンがこっそり教える、驚異の満室マーケティング：セルバ出版：馬橋令
・土地活用のリノベーション：不動産の価値はコミュニティで決まる：学芸出版社：甲斐徹郎

・こんな建売住宅は買うな：幻冬舎：田中勲
・サクッとわかる ビジネス教養　行動経済学：新星出版社：阿部誠
・売れる言いかえ大全：フォレスト出版：大岩俊之
・伝え方が9割：ダイヤモンド社：佐々木圭一
・できないのはあなたのせいじゃない ブレインロック解除で潜在能力が目覚める：プレジデント社：勝間和代
・LIFE SHIFT：東洋経済新報社：リンダ・グラットン、アンドリュー・スコット
・プロティアン　70歳まで第一線で働き続ける最強のキャリア資本術：日経BP：田中研之輔
・キャリアの悩みを解決する13のシンプルな方法 キャリア・ワークアウト：日経BP：田中研之輔
・越境学習入門：日本能率協会マネジメントセンター：石山恒貴、伊達洋駆
・宇宙兄弟とFFS理論が教えてくれる あなたの知らないあなたの強み：日経

BP：古野俊幸
・世界一やさしい「やりたいこと」の見つけ方 人生のモヤモヤから解放される自己理解メソッド：KADOKAWA：八木仁平
・働くコンパスを手に入れる〈仕事旅行社〉式・職業体験のススメ：晶文社：田中翼
・家主と地主：全国賃貸住宅新聞社（賃貸業界の月刊情報誌）
・サラリーマンはコンセプト不動産に投資しなさい：かんき出版：阿部大輔
・常識を変える！　親子で伸ばす自然な子育て：ギャラクシーブックス：岡本麻友子
・今のまま働き続けていいのか一度でも悩んだことがある人のための新しいキャリアの見つけ方 自律の時代を生きるプロティアン・キャリア戦略：アスコム：有山徹
・「働かないおじさん問題」のトリセツ：アスコム：難波猛
・バナナの魅力を100文字で伝えてください 誰でも身につく36の伝わる法則：かんき出版：柿内尚文
・社員がやる気をなくす瞬間　間違いだらけの職場づくり：アスコム：中村英泰（著）、田中研之輔（監修）

COLUMN

資産運用は悪いこと？

最近、初めて学校で資産形成に関する授業が導入されましたが、**日本人はおしなべて資産運用に関する意識が低い**といえるでしょう。

それだけでなく、お金を増やすということが悪い、お金は悪いもの、お金持ちはなにか悪いことをしているという意識さえ日本人にはあるような気もしています。それは「よい人は貧乏人で、悪い人がお金持ち。でも、最後には正義が勝つ」という『水戸黄門』の世界観によって刷り込まれたような気がしてなりません。

また、給料として得たお金はいいのだけれど、投資によって増えたお金はあまりよくないもの、あぶく銭のようなものというイメージをもっている人もいるかもしれません。

でも、こう考えてみたらどうでしょう？

たとえば**人々を幸福にする商品、世の中に役に立つ商品をつくっている会社に投資**

するのだとしたら、それはその会社の考え方に賛同したり、さらに発展するよう応援したりということにもなると思いませんか？

2007年に発売されたiPhoneがその好例かもしれません。私も「これはいい！」と思った一人なのですが、その時点で、アップルの株を100万円分買っていたら……。為替レートを考慮せずに計算すると、2022年10月末時点で4000万円以上の価値になっていたと思うと、ちょっとフクザツな気分です。

話を戻せば、**賃貸事業もまた、よい住環境をお客様に提供するという有意義な仕事**です。多くの場合は自己資金だけではできないので、金融機関から融資を受けてスタートしますが、そのお金にレバレッジを効かせ、しっかりとした収益を出す事業と私は捉えています。レバレッジとはてこの原理のことですが、つまり、力点から支点に力を加えると、その力が大きな力へと増幅されるように、良質なプランニングによって元手となるお金の価値を大きくするというイメージでしょうか。

おすすめは土地カンのある場所

もともと保有している土地にアパートを建てるなら別ですが、**イチから賃貸事業をはじめる場合は、地域の選択が重要なポイント**になります。

これもまた仲介会社の言いなりにはならず、そのエリアのプロファイリングをしたうえで、ベストと思う場所を選び、その土地に向いた物件をつくることが大切です。

たとえば、こういうことですね。

「その町にはどんな人が住んでいるのか？」

「そもそも需要があるのか、それはどんな需要か？」

私の物件があるような大学の町なら、学生需要がメインとなりますし、教育施設や医療機関が充実している地域なら、ファミリー層やシニア層が見込める場合が多いでしょう。

いずれにしても、なにかの理由があって、**その町にこだわりがあるという場合以外は、土地カンのある地域がベスト**だと思います。もともと知っているところなら町の性質や需要の有無も判断しやすいものですが、まったく知らないところでは、一種の賭けのようになってしまうこともあるからです。

「この町」と決めたら、地域のことをしっかりとウォッチしていきましょう。

たとえば、自治体の町づくりの思想や具体的な施策です。

「子育てしやすい町にするため、待機児童ゼロを目指したりしている」

「大学や文化施設を誘致し、文教の町づくりを目指している」

また、**むこう10年間ぐらいの都市計画も把握しておきたい**ものです。

プラス面では、大型ショッピングモールができる、新駅ができる、新しく開通する道路のインターチェンジができる、駅前の再開発が行われる、上場企業の大型新工場ができるなどが挙げられます。マイナス面では、商業施設や企業の事業所の撤退などが起こることもあります。

町のますますの発展が見込める場合は、建物のリフォームや新しい設備の導入も安心して行えるかもしれません。また、ファミリー層が増える見込みなら、家族や子育てを意識した一芸物件を実現していくとよいでしょう。

反対に町の勢いが収縮傾向にある場合は、私なら早めに物件の売却を考えるかもしれません。いずれにしても、早めに情報を仕入れ、必要に応じて対策を打っていくことが求められます。

不動産「事業」だから、リスクマネジメントの意識も必要

猫専用物件の木津さんは、「Gatos Apartment」の建設中、工事を止めざるを得ない時期があったそうです。**東日本大震災が発生し、その復興のために木材などの資材がみな被災地に優先的に運ばれてしまった**からです。

しかも、やっと資材が手に入るようになったと思ったら、どれもこれも高騰し、予定より費用がだいぶかさんだとのこと。資金には余裕をもって進めていたので、無事に完成にこぎつけたとおっしゃっていましたが、人によっては事業が途中で頓挫してしまっても不思議ではない状況だったといえるでしょう。

その時期から10年ほどしか経っていない現在、またしても同じようなことが起こっています。**コロナ禍がきっかけとなって起こったウッドショック**です。

日本では建築用の木材の6割を輸入に頼っているといわれますが、コロナ禍によって各国の製材所が休止に追い込まれた一方、新築住宅需要は急増しており、木材価格が激しく高騰してしまったのです。さらに、2022年2月、ロシアによるウクライナ侵攻が起こりましたが、日本が経済制裁を科したことにより、木材の原産国であるロシアからの輸入がストップしました。

ウッドショックへの対策については、政府もいくつかの施策を打ち出していますが、この原稿を書いているいまは、まだ解消の見通しは立っていません。

いずれにしても、こうしたことから学べるのが、**リスクマネジメントの大切さ**です。

前項で商業施設や企業の事業所の撤退という例を書きましたが、学生向けアパートを運営する私にとっては大学のキャンパス移転なども想定されるリスクです。

めったにないことではありますが、「地価水準が下がったので、都心に戻る」、「少子化で学生数が減ったので大きなキャンパスはいらなくなった」、「学校同士の合併が行われ、片方のキャンパスが閉鎖されることとなった」、「事業用定期借地権の期限が来て、土地を明け渡すことになった」など、20年、30年と経過する中ではなにかが起こっても不思議ではないと思うのです。

そこで、**めったにないことだとはいっても、最小限の備えはしておいたほうがよい**と思っています。

私の学生向けアパートの場合、大学移転などがあって学生がいなくなってしまったら、高齢者住宅への転用の道があるのではないかと考えています。自立した生活を送ることのできる、元気なシニアが対象です。その場合、自炊をする人が多いと思いますので、最低限の設備の付いたキッチンが求められるでしょう。

現在、学生向きにはＩＨコンロを用意していて、キッチンにガスは使用していません。火災防止対策としても最適なので、万一の転用の際も、シニア世代の人々に安心して使ってもらえることでしょう。しかも、２口以上を用意しているので、本格的な料理も十分に楽しんでもらえることと思います。

ほかにも、何十年とつづく賃貸事業においては、社会の変化、天災などにより思いがけない問題に出会うことがありえます。さまざまなリスクを想定し、考えておくことは大切です。

"キラキラ大家"にはだまされるな！
アヤしいセミナー体験記

ここでもう一つ、リスクマネジメントのお話を。これから不動産事業をはじめたいという人や初心者大家さんは、「セミナーに参加して勉強しよう！」と考える場合も多いのではないでしょうか。もちろん、質の高いセミナーもあるのですが、無料のセミナーとなると注意が必要な場合もあるのです。

この書籍の制作にあたり、担当編集さんが「おもしろそうなセミナーを見つけてきました！　参加して、勉強してみます！」とセミナーの案内を持ってきてくれました。

それは、「数カ月間、実際に大家業のシュミレーションができる」という内容の無料オンライン・セミナーでした。

ターゲットは富裕層の人々。ハードルが高く感じる不動産事業に踏み出しやすいようにと銘打ったセミナーで、数カ月間、既存のマンションのオーナーになり、家賃収入を受け取りながらローン返済をし、条件が整えば、数カ月経過後にそのままその物件を購入し不動産投資をスタートすることもできるという仕組みです。

受講料無料で、参加者には少額と思われますが、家賃収入が支払われる……、その時点ですでにアヤしいにおいがプンプンと漂っていました。これはおそらく、数カ月間でその気にさせて、そのまま物件を売るビジネスモデルではないかと……。

ということで、私もこのセミナーに参加してみることにしたのです。

はたして……!

●え、年間経費を見ていない?

当日、レクチャーを受けたところ、家賃収入を得て、ローン返済と経費を支払い、毎月利益が出ることを体験できるという仕組みであることがわかりました。

しかし、不動産事業は本来、取得時の課税や年間経費も見ていく必要がありますから、「不動産取得税や火災保険、家賃収入にかかる所得税などの計算はどうなっていますか?」と質問したところ、「購入後の必要費用ということで、シミュレーション期間中にレクチャーさせていただきます」とのこと。月々に支払われる少額の利益でそれらがまかなえるとは思いませんので、確実に入居者がついたとしても、年間では赤字になること必至と感じました。

●あれもこれも抜けている成功事例

成功事例として紹介されたのは、年収約1000万円のサラリーマンがマンション2室、アパート2棟所有で、収入からローンと経費をのぞいて、毎月のキャッシュフローが約20万円とのこと。

しかし、そこには不動産取得税・固定資産税・所得税、入居者の入れ替え時のリフォーム費用などは含まれていませんでした。したがって、満室経営ができたと仮定しても、年間所得はおそらくマイナスになると思った次第です。

●融資元はノンバンク!? は？

そして、このセミナーでもっとも驚かされたのが、融資は最初からノンバンクが想定されていたことです。ご存じの通り、ノンバンクとは銀行以外の貸金業の会社ですが、審査は緩く、金利は高め。そして、一度、ノンバンクからお金を借りると、その後、その人は一般の銀行から融資を受けることが非常に難しくなるのです。

〈結論〉

事前に思った通り、既存の物件を売るためのセミナーにほかならないようです。しかも、ほんとうに必要な経費を支払うとまったく収益が出ない、もしくはマイナスになる不動産投資です。

さらにノンバンクをすすめてくるとは、安心・確実な資産運用をサポートするどころか、顧客を使い捨てのカモとしか見ていないように私は感じました。

ただ、不動産事業にどんな税金や経費がかかってくるかを把握していれば、そんなに簡単には引っかからないだろうとは思います。あらためて、自ら勉強し、良し悪しを判断する力を身につけることの大切さを感じた体験でした。

ちなみに、不動産業界には〝キラキラ大家〟という言葉があります。「年収３００

万円だった私が、不動産投資のおかげで年収何千万円になりました！」などと自費出版の本などを出して、成功者であることをアピールする人たちに多い傾向があります。

じつは背後には不動産業者がついていて、こうした大家を祭り上げるかのようなセミナーなどを開催し、いいことばかりを並べて、受講した人々に収益性の悪い物件を売りつけようとしているのが大半です。粉飾をした大家が、よい投資先を探している大家をだまして食ってしまうような構図なので、〝共食い大家〟ともいわれます。

売ったあとは「話が違う！」などと購入者からクレームをつけられても、「投資は自己責任だから」ととりあうことはありません。無料のセミナーにはこんなカラクリがあることが多いので、みなさんもくれぐれも気をつけてください。

リスクの大きいワンルームマンション投資

ここまでリスクマネジメントのお話をさせていただきましたが、リスクといえば、どのような不動産の投資形態にするかについても注意していかなければなりません。

投資の手法として都心のワンルームマンションを買って賃貸に出すという方法がありますが、**私はおすすめしません。**

賃料は新築時がピークで、多くの場合、翌年からは早くも下降していきます。しかも、利回りが7%あったとしても、金利が5%なら利益は2%。そこから固定資産税を支払ったら、マイナスになってしまうことも多いようです。また、**新築物件は買った途端に評価額が半分ぐらいまで下がることもあるので、売却時にも厳しい現実が待っています。**

さらに、アパートの場合は一部に空室が出ても全体の何割かの家賃収入は確保できますが、ワンルームマンションは1室単位なので、空室が出たら家賃収入はゼロになります。

ただし、ワンルームマンション投資でもうまくいくケースもあります。それは、中古の優良物件の場合です。が、ごくまれにしか市場に出てこないので、出会うこと自体が難しいといわれます。

旧型大家 vs 新型大家②

土地に縛られる旧型大家、土地を選択する新型大家

旧型大家には先祖代々の土地を守っている人も多いことから、土地や賃貸アパートを売却したり、別の土地に移したりといった発想が出てくることはまずありません。

新型大家は立地選びも戦略的に考えます。目的に適った土地を選んで事業を行い、ときには保有する物件を売却し、そこから次のステップへと飛躍していくケースもしばしば見られます。

顧客目線も忘れずに。マーケティング理論に則ってどんな一芸物件とすべきかを探る

4Cで検証し、戦略に応じた4Pを決める

一芸をどう賃貸事業に落とし込むかは、マーケティング理論を参考にしながら考えていくとよいでしょう。

それが、顧客目線から商品のあり方を考える〝4C〟とその実行戦略である〝4P〟です。〝4P〟は1960年代、アメリカのマッカーシー氏が提唱したマーケティングの理論で、〝4C〟は1990年代、同じくアメリカのラウターボーン氏によって考案されました。〝4C〟と〝4P〟は対になっていて、それぞれ4つの視点で物件

や事業展開について考えていくとよりよい商品が実現し、事業も成功に近づきやすいと考えられています。

マンガ好きのためのアパート・トキワ21の場合

「4Cで検証し、戦略に応じた4Pを決める」を仮の一芸物件を例に解説していきましょう。

仮の一芸物件は、マンガ好きのためのアパート「トキワ21」。昭和の半ば、手塚治虫・藤子不二雄・石ノ森章太郎・赤塚不二夫などの有名な漫画家が住んでいた東京のトキワ荘をリスペクトしてつけたネーミングだと思ってください。

トキワ21は、オーナーが大のマンガ・マニアで、漫画家にこそなれませんでしたが、イラストレーターとして仕事をしています。このアパートにはオーナーが所蔵する大量のマンガが自由に読めるカフェを併設したいと考えています。

ということで、**一芸は「マンガが存分に楽しめる」**ことです。

カフェはいまどきのマンガ喫茶というよりは、壁面がすべて書棚になっていて、テーブルでゆっくりコーヒーを飲みながら読書できる、昭和の神田あたりにあった喫茶店のイメージです。このスペースでオーナー主催のイラスト講座を開いたり、マンガ好きな人のイベントを行ったりすることも計画中です。また、作家の対談の場所、ドラマのロケ地など、メディアに使ってもらえるような仕掛けもしていきたいと考えています。

［"4C"で検証し、戦略に応じた"4P"を決める］

4C		4P
Customer Value 顧客価値	⟨=⟩	Product 製品
Cost コスト	⟨=⟩	Price 価格
Convenience 利便性	⟨=⟩	Place 場所
Communication コミュニケーション	⟨=⟩	Promotion プロモーション

ふだんは入居者には自由に出入りしてもらい、また、ランチなども出し、一般のお客様も受け入れたいと思っています。

●トキワ21の顧客価値⇕製品

「顧客価値」とは、「モノやサービスの購入によって、顧客が得られるメリット」です。一方、「製品」とは「どのようなモノやサービスを提供するのか?」ということです。不動産では、物件がどんな建物か、どのような人に住んでもらいたいか? と考えることが重要になってきます。

トキワ21では、ターゲットをサブ・カルチャー、とくにマンガ好きな人に絞り込み、たくさんのマンガにふれられること、入居者は割引価格で使えるカフェがあること、同好の士に出会えること、イラスト教室があることなどを物件の強みにしたいと考えています。サブカル好きの人にはコレクターも多いとの傾向から、部屋には書籍や趣味のアイテムの収納にも便利な大容量のロフトを用意。だれにも邪魔されずにマンガの世界に浸ることのできる大人の隠れ家としても快適に使用できます。

[トキワ21の 顧客価値 ⇔ 製品]

Customer Value
顧客価値

**入居者にどんな
メリットをもたらすことができるか?**

・好きなものに囲まれて暮らせる。
・楽しいサブカル・ライフが送れる。
・クリエーターになる勉強ができる。
・同じ趣味嗜好の人とつながれる。

⇕

Product
製品

**どんな建物か。
どのような人に住んでもらいたいか?**

・一般的に快適な賃貸アパートの間取りと設備。
・書庫・収納庫にも最適、大容量のロフトを用意。
・カフェに大量のコミック・ライブラリー。
・コミック好きが集まる器として育てる。
・大家によるイラスト教室を無料開催。

●トキワ21の コスト ⇕ 価格

「コスト」は「顧客はどのくらいその製品やサービスにお金を払うのか？」ということです。つまり、その製品やサービスが持つ価値に、お客様はどれだけ払えるのか？ということを考えていかなければなりません。

一方、「価格」については顧客が納得できる価格を提示できるかが考えるポイントとなります。売り手が状況に応じて値下げや割引などを行うことも必要です。

トキワ21では地域の相場よりやや高めの家賃を想定。しかし、それを超える価値のある設備や、趣味に関連したサービスを用意することで、むしろ安いと感じられることを狙っています。

建物の建築費はロフトとカフェの分、余計にかかりますが、カフェは一般客にも開放し、一定の収益を上げていきたいと考えています。

[トキワ21の コスト ⇔ 価格]

Cost
コスト

入居者はどのぐらい払い、
そこにはどのぐらいの価値があるか？

・家賃は地域の相場より少し高いと感じる。
・大容量のロフト、入居者は安価で利用できるカフェ、自由に読めるマンガ、無料のイラスト教室にはかなりのおトク感。

⇕

Price
価格

家賃はどのぐらいに設定するか。
初期費用・収益性はどうか？

・家賃は地域の相場より20％ほど高く設定。
・ロフト、カフェと大型書架の施工代。
・カフェに置くコミックスは以前からオーナーが所蔵しているもの中心。
・大家によるイラスト教室を無料開催。

●トキワ21の 利便性 ⇕ 場所

「利便性」とは、「製品やサービスの入手しやすさ」です。どんなに優れた製品やサービスも、それらの入手が難しければ、顧客に届けられません。物件でいえば、入居者にとって、物件の立地・暮らしやすさ・便利さはどうか？　というところが考えるポイントとなるでしょう。

一方、「場所」は「どのような場所や経路でターゲットに商品を届けるか」ということを考えていきます。物件でいえば、例えば地価の高い場所に直接建てることは難しいけれども、その場所に行きやすい便利な立地であれば選択できる……というように考えていきます。

トキワ21では、中野・高円寺などサブカル好きの人が集まる地域へのアクセスのよい場所を選択。最寄り駅からは徒歩圏で、コンビニ・飲食店などもそれなりに集まっている。併設のカフェも便利かつ魅力的な居場所になると想定。

[トキワ21の 利便性 ⇔ 場所]

Convenience
利便性

入居者にとって、物件の立地・暮らしやすさ・便利さはどうか?

・都心からはやや離れているが、日頃よく行く町に行きやすい。
・通勤・通学、買い物などもそこそこ便利。
・併設のカフェに行くと、軽食が食べられる。

⇕

Place
場所

立地特性はどうか、ターゲットにとって魅力ある場所か?

・サブカル好きの人が集まる中野・高円寺・荻窪・下北沢などに物件を建てるのは地価が高いから無理だが、それらの町に行きやすい立地を選択。
・駅10分程度の住宅地。近所に複数のコンビニやチェーン展開の飲食店が揃う。

●トキワ21の コミュニケーション ⇕ プロモーション

「コミュニケーション」というのは、文字通り「顧客とのコミュニケーション」ということです。売り手は一方的な製品やサービスの情報提供に終始するのではなく、顧客の声に耳を傾ける必要があります。

一方、「プロモーション」とは広告や宣伝などを指します。近年はインターネットの普及により、SNSマーケティングやコンテンツマーケティングなど、プロモーション手法は多様化しています。ターゲットとなる人々に、どのようにして物件を宣伝していくのか？　ということを考えていくことになるでしょう。

トキワ21では、ターゲットに対しては、物件とカフェの専用サイトを立ち上げるとともに、SNSで情報を発信。

一方、メディアに登場する機会を得るために、各社へのプレスリリースの送付や東京ロケーションボックスへの登録も検討。

[トキワ21の コミュニケーション ⇔ プロモーション]

Communication
コミュニケーション

顧客側が求めるのはどのような情報やコミュニケーションか？

・専用サイトやSNSで情報を得る。
・カフェが同じ趣味嗜好の人との交流の場に。

⇕

Promotion
プロモーション

ターゲットとなる人々にどのようにして物件を宣伝するか？

・物件専用サイト、SNSで発信。
・サブカル誌などにプレスリリースを送付。
・雑誌の作家対談などの取材場所としてカフェを提供。
・管理会社と合同イベント。
・東京ロケーションボックスに登録。

ひとりよがりは失敗のモト。一緒に夢を描ける管理会社をパートナーにしよう

賃貸事業には専門的な知識とノウハウが必要です。そこで不可欠なのが、**頼りになる専門家をパートナーにすることです。**

なかでももっとも重要なカギを握るのが不動産管理会社です。そこで、管理会社はどのような役割を果たしているのか、どんなタイプの管理会社をパートナーに選べばよいのかをここではご説明していきます。

管理会社にもタイプがある

はじめに、賃貸事業で関わる会社についておさらいしておきましょう。

多くの場合、新たに賃貸物件をつくるときなどは、建築会社またはハウスメーカー・不動産仲介会社・不動産管理会社とのおつきあいが生まれるのではないでしょうか。このうち、仲介会社と管理会社を混同している人は多いようです。それぞれの会社の役割は次の通りです。

・建築会社・ハウスメーカー　賃貸住宅のプランニングと建築。両者の役割はほぼ同じですが、建築会社は建物をつくることを主としているのに対し、ハウスメーカーは賃貸住宅にもブランド名などをつけて全国展開しているような場合もあります。いずれも、竣工後、建物をオーナーに引き渡すと業務は完了します。

・仲介会社　住まい探しをしている人とオーナーの間を仲介する会社。空室の入居者募集や、住まい探しをしている人々への物件の紹介を行います。入居が決まった際の契約業務が終わると、その物件に関する業務は完了します。

・**管理会社**　賃貸住宅のオーナーに代わり、建物の管理・メンテナンス・清掃・クレーム対応・家賃徴集業務などを行います。その物件の賃貸運営がつづくかぎり、管理業務もつづきます。

三者三様の役割を担っているわけですが、一つ、大きな特徴としては、**建築会社・ハウスメーカーと仲介会社は、建物が完成したり、入居者との契約が完了したりした時点で、オーナーとのつきあいがいったん終了する**ことが挙げられます。その後、この賃貸事業がどうなったとしてもそれらの会社には原則として影響はありません。

一方、**管理会社とオーナーは賃貸事業がはじまったときから、長いおつきあいがはじまります。**そして、三者の中で、オーナーのスタンスといちばん近いのもこの管理会社です。オーナーは毎月、管理会社に家賃の一定割合の管理料を払い、前述のような管理業務を委託します。したがって、物件の状態を良好に保つことで、お客様によろこんでいただきたい、そして、家賃水準をできるだけ高く保っていきたいという思いが一致しているからです。

また、管理会社の業務には、主に次の3つがあり、手がける範囲は会社によって大きく異なります。全体の7割ほどは管理業務のみを行う管理会社で、プロパティ・マネジメントまで行う会社は残りの3割、アセット・マネジメントを手がけるのは全体の1割といわれています。

①**管理業務**　清掃、家賃徴集業務。

②**プロパティ・マネジメント（PM）**　管理業務に加え、クレーム対応・入退去時の契約・解約業務、入居者募集・テナント誘致、個別の物件の資産価値を高めるための提案（建物の点検・修繕・リフォーム）を行う。

③**アセット・マネジメント（AM）**　PMに加え、オーナーの保有する資産全体の収益の最大化を図るための提案などを行う。オーナーそれぞれの資産状況を把握し、最適の投資内容や投資先を検討しながら投資用資産のポートフォリオ全体を管理する。

こんな管理会社とタッグを組もう

資産にまつわることをトータルで相談できる

私にとって管理会社は、あらゆる場面で相談に乗ってもらうパートナーとなっています。日頃の管理業務全般を委託しているのはもちろん、新しいアパートの図面ができたときは、見せにいって意見を聞き、キャリアコンサルタントとしての講座を開きたいと思ったら、その方法や開催する場所、受講生の集め方まで提案してもらったりしています。また、新たなアパート用地を探すときもたいてい管理会社に情報提供を依頼します。

ですから、**管理会社を選ぶなら、管理業務にとどまらず、仲介業務、アセット・マネジメントなど、賃貸事業にトータルで関わってもらえるところがベスト**だと思っています。

地元に根ざした事業展開を行っている

管理会社には、それぞれ得意な地域とそうでもない地域があるようです。また、大手の場合は複数の営業所を持ち、広範囲で事業展開していることも多いようです。

私は賃貸事業をはじめて最初に数年間、中古アパートを運営していましたが、その物件を購入した仲介業者が兼務している管理会社に管理も任せていました。管理の質は良好でしたが、物件が神奈川県郊外の海老名や東京都郊外の町田にあったのに対し、管理会社は横浜だったので、お客様が困っているときなどの対応はスピーディにはできませんでした。

その点、現在、保有している物件の管理は仲介も行っている地元の管理会社に委託しているのですが、やはり対応が素早く、入居者の入れ替え時の客付けも地元の会社のほうが強いという実感があります。

そんなことから、**地元をよく知っていて、仲介や物件の企画などもトータルに手がけている管理会社がよい**というのが私の現在までの実感です。

管理会社としての誇りとポリシーをもつ

地域に根ざし、かつ、未来志向の発想をもつ管理会社ならなおよいと思います。そういう管理会社は、賃貸物件のオーナーと一緒になってよい町づくりをしよう、町のブランド力を高めたり、地域の家賃相場を上げたりしていきたいという気概をもった活動をしています。地域一のシェアをもっているような会社なら、それも夢ではありません。エリアのプライス・リーダーとして、賃料の改定などにも誇りをもって取り組んでくれることが期待できます。

たがいに本音で話ができる

私の知る管理会社の担当者は、まれにお客様を叱ることがあるそうです。たとえば、お客様とともにトータルな資産運用のプランを考え、コツコツと貯めてきたお金で新たな運用をはじめようとした矢先に、お客様がその資金を車の買い換えなどに使ってしまった……などというケースのときです。

もちろん、お客様が自分のお金をどう使おうと自由なのですが、プロとして資産運用のパートナーとなっている以上は、そこは遠慮なく意見を言わせてもらうのだとか。

たしかに、**プロのコンサルタントとオーナーの関係は対等であるほどよい**だろうと思います。そうすれば、できることはできる、できないことはできないとはっきり言ってもらえると思いますし、お客様もすすめられたからといって気が乗らないときは、気を使わずにその資産運用の提案を断ることができるからです。

前提としては、管理会社に自分の賃貸事業の目的や、現在の資産状況を知ってもらうことが大事だと思います。もちろん、そんな信頼関係をつくるには一定の期間が必要だと思いますが、オーナーだからといって上から目線になったりせずに、真摯にプロの意見に耳を傾ける姿勢は大事だと思います。

若手がいきいきと働いている会社がいい

長いつきあいになる管理会社は、やはり親身になって対応してもらえるところを選ぶとよいでしょう。

そんな会社なら、私たちオーナーが預けている物件を、自分の物件であるかのように大切に管理してくれたり、運営についても主体的な視点でアドバイスや提案をもらえたりすることが期待できます。

また、私は自分のアパートの掃除などに出かけると、帰り道にはできるだけ管理会社に顔を出すようにしています。**折々に少しずつでも話をしていくことで、担当者との距離が縮まったり、さりげなく情報交換ができたりする**のです。そして、オフィスにいる人々を眺めたりするのですが、やはり若手のスタッフがいきいきと働いている会社、チャレンジする社風がある会社ほど、パートナーとしてもっとも頼りになるし、おもしろい企画に一緒に取り組む機会も生まれるような実感があります。

いろいろな人の意見を聞いてみる

だいぶ以前のことですが、ある町に学生向けの中古アパートを購入することを検討していて、地域の市場動向を調べたことがあります。すると、中古の場合は家賃相場が2万円台まで下がりきっていたため、「これは無理だ！」とこの町での事業はあきらめようと思いました。

が、たまたま管理会社の紹介で、この地域で長年にわたって賃貸事業を営んでいる先輩大家さんのお話を聞く機会を得たのです。同エリアの大家同士はライバルになりますから、なにかの折に顔を合わすとギクシャクしてしまいがちなのですが、この先輩ぐらいになるとさすがにどっしりとしていて、私にもにこやかに接してくださいました。

そこで、思い切って前述の2万円台の物件のことを聞いてみたところ、じつはこの地域の市場は二極化しているという話をしてくださったのです。学生向けの安いアパートのほかに、もう一つ、エスカレーター式で上がれる大学に通う富裕層の家庭の学生による需要もあり、そちらの物件は不足しているとのこと。それで、私は思い切って1棟購入することにして、おかげさまでその物件はうまくいったのです。

このエピソードもそうであるように、**賃貸事業を行う際はさまざまな人の意見に耳を傾けることが必要**です。とくに、自分のやりたいエリアで実際に不動産事業を行っている先輩大家さん数人の話に耳を傾けることが重要になってきます。

私は新築物件のことを考えるとき、まずは自分でボリューム図面を引いてみます。建ぺい率や容積率にも配慮しながら、「この土地に、どのようなアパートが建築できるのか」という概略図を書いてみるということです。

それができあがると、必ず管理会社と仲介会社の人たちに見てもらうようにしています。**その中でも大事なのが、女性スタッフの意見を聞くこと**です。学生用アパートの場合、入居するのは18歳ぐらいの新入生なのですが、**物件探しには母親の意見が大きく影響する**からです。

また、とくに豊かな家の学生の場合、〝実家のミニチュア版〟のような住み心地が求められる傾向もあり、キッチンのコンロは2口あったほうがいい、お風呂はシャワーだけじゃなくて浴槽があったほうがいい、トイレにウォシュレットは不可欠といったことが求められます。ここからは、若者の一人暮らしだからという固定概念にとらわれてはいけないと感じます。

地域の大家さん同士、力を合わせて

先ほど、管理会社が住宅供給を通してよい町づくりをしようとしているといったお話をしましたが、それは、**同じ地域の大家同士、力を合わせて取り組んでいくべきことだとも思います。**

地域では、管理会社主導のオーナーの交流会・勉強会などが実施されることもあります。同エリアの大家同士はライバルともいえますが、互いに切磋琢磨して、地域全体の魅力を高めていけたらと考えます。夢は、お客様から「このエリアに住みたいから、この大学に行く」などと言ってもらうこと。積極的に選ばれる町になったらいいなと思います。

使うところには使い、抑えるところは抑える。やはりメリハリ、費用のかけ方にもコツがある。

「賃貸＝安上がりですませる」でいいという発想は古い

不動産事業の利回りは初期投資と月々の家賃収入、各種経費から算出されるので、建築費や設備費はできるだけ抑えたほうがよいと考える人は少なくありません。

すなわち、建材・部材を安上がりですませたり、設備は簡易なものを付けたりといったことで、悪い言い方をすると、「賃貸物件は安いつくりでよい」という考え方です。

実際、建築会社などが建て売り用につくっているアパートなどは材料費を抑え、利益を出そうという傾向が顕著です。そのため、値段は高いわりに質はあまりよくないという建物になりがちです。2021年4月に発生した、階段が落ちて死者が出てしまった「則武地所」の事故については皆さんの記憶にも新しいかと思います。

しかし、**賃貸事業として勝算のある範囲でならば、私は間取りや設備にある程度費用をかけてもよい**と思います。

一例が、1階2階ともにロフトを付けた私の保有する物件です。先にも書きましたように、建築費用は多少高くつきますが、その分、家賃も高めに設定できますから、初期費用が高くても利回りが下がりにくくなります。

ちなみに、前述の通り、私は自分で間取り図を含めたボリューム図面を引き、それを建築会社に渡し、設計図に落とし込んでもらうので、その分、コストを低く抑えられます。だから、材料に多少こだわっても、前述のような建て売りの物件の値段と同等以下で、クオリティはずっと上の建物をつくることができるのです。

また、費用を抑えてつくっている建物は、合板が剥がれたり、外装サイディングのシール材（外壁のサイディングボードのつなぎ目の隙間を埋めるゴム状のシーリング材）が短期間で劣化し、雨水が建物内に染み込むなど、経年劣化が早く進むことが多いようです。そうすると、空室が増えたり、修理費用がかかったりという悩みが早い時期から生じることにもなるでしょう。

なお、これは私も経験があるのですが、**賃料の安いアパートでは、入居者のゴミの出し方が間違っている、騒音のクレームがなくならないなどの問題が起こりがち**です。そういう入居者には何度注意しても、改善されないことも少なくありません。また、見た目が古びていると、敷地内に吸い殻やゴミを平気で捨てる人なども出てきます。

反対に、賃料が高めの物件には、生活レベルもモラルも高い人が集まります。トラブルが少なく、安全・安心も維持しやすいのがメリットです。

賃貸事業にもスケールメリットが生かせる

建物のクオリティにはこだわりながら、建築費用をコストダウンする方法はないか。そのために、**最近、導入しているのが大家同士がグループとなって、各自の建物を建てるという方法**です。首尾よく仲間を得るという前提は必要ですが、**複数の物件を発注することで、スケールメリットを得る**というものです。

サラリーマン大家だったころ、家族づきあいをしていた会社の仲間の中に「自分も賃貸事業がやりたい」という人が何人か出てきました。先にはじめていた者として、相談に乗ったりしていたのですが、そうした人たちが実際にアパートを建てるということになったとき、グループでまとまって物件づくりをしていくことで、施工のプロセスとコストを効率化・節約することができました。

一つは、まとめての仕入れです。木材からサッシ・ドアなどの部材まで、住宅にはさまざまな材料を使用します。それらをグループの件数をまとめて仕入れることになるので、値段の交渉もしやすいのです。

もう一つは、ローテーションでの施工です。住宅建設にあたっては、ハウスメーカーなどは使わず、直接、建築会社さんに仕事を依頼しました。その際、グループの件数分まとめて契約し、複数の住宅をローテーションを組んで順番に施工してもらうことにしたのです。

まとめてなので、施工費用は少し安くしてもらうことができました。何カ月かにわたって順番に施工してもらったので、各業者とも仕事が途切れずに一定の仕事量が確保できることにはよろこんでもらうこともできました。

これはたまたま知り合い関係でできたことですが、**地元の有力な管理会社に口を利いてもらうことができたら、地元のほかの大家さんと同じようなメリットを分かち合うこともできる**のではないでしょうか。

COLUMN

個人事業は節税も大事

一般にマンションは入居者から管理費と併せて修繕積立金を徴収し、計画的な大規模修繕に生かしています。一方、アパートでは修繕積立金を徴収することはありませんが、戸建住宅と同じように外壁・屋根・ベランダ・配水管などの定期的なメンテナンスは不可欠なので、大家が自分で積み立てておくことが必要です。

この修繕用の積立金について、**大家さんは個人事業主として、〝小規模企業共済〟を活用することができます。**これは（独）中小企業基盤整備機構が運営する小規模企業の経営者のための積立制度で、掛け金が全額所得控除できるなどの税制優遇が付いています。月最大7万円までと制限はありますが、修繕積立金に最適なので、覚えておかれるとよいでしょう。

土地・中古物件、一般市場では買いません

2004年、私が初めての中古アパートを買ったときは、インターネットでひたすら検索し、目に留まったものは現物を見にいくということを繰り返し、「これだ」という物件に出会い、購入しました。

現在はそのときのようにはいきません。インターネットなどの情報サイトに出ている土地や建物はほぼ売れ残りで、よい物件は多くの人の目に留まる場所に掲載される前に売れてしまっているからです。

では、土地探し・中古物件探しはどのようにすればよいのでしょうか？　**このカギを握るのも、不動産管理会社**です。

多くのオーナーとのつきあいの中で、管理会社には土地やアパートを売りたいという相談が寄せられることがあるからです。たとえば、「そろそろ引退を考えているが、跡継ぎがいないので売却したい」、「相続が発

生。相続税を捻出するために急いで土地を売りたい」といったものです。

そして、その機会はわずかです。そのめったにない情報をもらうには、日頃から管理会社との関係性を築いておくことが必要です。これから賃貸事業をはじめるという人であれば、マメに顔を出し、相談したり、話を聞いたりしていることが大事でしょう。自分が賃貸事業を行いたいエリアや現状の資金力を伝えておくと、先方も声をかけやすいかもしれません。

また、別件の物件の運用などを通じ、管理会社とそれなりの信頼関係ができている場合は、「こんな話があるけど、買いませんか?」という打診をもらえることも増えていきます。

物件の購入を目的として管理会社にアプローチする人はいまのところ少なめといわれますが、中には2桁の購入希望者がリストに名を連ねているという会社もあるようです。なお、管理会社は地域の上位2～3社に通ってみてもよいと思います。

定期借家権契約なら、次の入居者募集が早めにスタートできる

現在、私が学生用物件の管理を委託している管理会社は、地元で唯一、〝定期借家権〟による賃貸契約を取り入れています。〝定期借家権〟とは契約期間が満了になると、更新せず契約を終了させることができる借家契約のことです。

一般借家の場合、賃借人が退去届を提出しないかぎり、次の募集をすることはできません。それに対し、定期借家の場合は契約満期の6カ月前に賃貸期間満了の通知を出すことで、次の募集を開始することができます。早めに募集をはじめられることは、学生アパートなどにとっては大きなメリットがあります。

学生向けアパートの場合、多くの学生は4年間住み、春早い2～3月に退去していきます。すると、急いでクリーニングなどをすませ、新しい入居者募集をはじめるわけですが、万一、前の入居者の退去が遅れると、入居者募集の初動も出遅れます。とくに4月以降になると、急激に空室のリスクが高まります。実際、まだ大家経験が浅

かったある年、学生がなかなか退去してくれず、入居者募集が大きく遅れ、その部屋を1年間空室にしてしまったという苦い経験があります。

その点、**管理会社が用意している定期借家権を導入すれば、遅くとも3月半ばには出てもらうという契約のもと、部屋を明け渡してもらうことができる**わけです。

ちなみに、**一般借家の時代は、「〝3月退去〟の場合は、3月15日までに退去する」という特約を付けた契約をして、次の入居者募集に影響が出ないよう工夫をしていました。**管理会社に頼れない場合は、このような特約を加えることも、賃貸運営を順調に進めるために必要な工夫の一つといえるでしょう。

第3章

私が一芸物件を手に入れるまで

サラリーマン大家から
一芸物件専門家へ

はじまりはごく普通の会社員でした

みなさんはどんな動機でこの本を手に取ってくださいましたか？

やはり賃貸事業に興味があるとか、なんらかの形で資産運用をしてみたいと思ったとか、そういう人が多いかもしれませんね。

では、賃貸事業や資産運用に関心をもつきっかけとなったのは、どのようなことだったでしょうか？


「子どもたちを存分に学ばせてやりたいから、教育資金を貯めておきたい」

「老後、不安なく暮らせるように、しっかりと備えておきたい」

「好きなだけ旅行がしたい。たくさん演劇を観にいったり、スポーツを楽しんだり、おいしいものを食べにいったりもしたい。豊かな人生のために、稼いだお金を少しでも増やしたい」

私も**老後の不安を感じたのが資産運用をはじめるきっかけ**でした。

当時の私はサラリーマンで、まさか大家が本職となる日が来るなど思いもしないいま、株式投資に挑戦したりするようになったのです。その過程では**やはり損をすることもありました。**最初から賃貸事業を志向していたわけではなく、もちろん**アパートも簡単に持てたわけではありません。**

また、あとでお話ししますが、会社の仕事に疲れていた時期がありました。そのとき、「鍼灸師に1000万円プレイヤーがいる」という話をたまたま聞いたので、自分も鍼灸師に転身しようかと考えたことがありました。けっこう本気で、妻の許しを取りつけて、専門学校の面接にも行ったんですよ。しかし、収入面のことなど質問していたら、面接官から「自分のことばかりで患者さんのことを考えていない。そんな甘い考えでできる仕事ではありませんよ」と言われ、結局、落とされてしまったのですが……。

いま考えると、このころの自分はブレブレだったと思います。そんな私がどのようにして賃貸住宅事業をはじめるに至ったのかというと、そのきっかけはいまから20年ほど前に遡ります。

ミレニアムとかY2K問題といった言葉が流行していた2000年ごろ、30代に入った私は神奈川県内の妻の実家でマスオさん暮らしをしながら、エンジニアとして日産自動車に勤務していました。

所属していたのは、マーチやサニーなど小型車向けの小排気量エンジン設計部門です。父が日産のディーラーに勤務していたことから、幼いころから車が大好きで、日産のファンで、また、プラモデルや竹ひごのエアプレインをつくるなど、手先を使うことも好きでした。いつからともなく、自分でつくったエンジンを載せた車に乗ってみたいと思うようになり工学系の大学を目指したのですが、高校時代にあまり勉強をしていなかったため、不合格。浪人時代は「これ以下はない！」と開きなおり、取り組んだ結果、勉強が楽しくなって希望の大学に進学。その後、大学院にも進み、希望通り、1992年春、日産自動車に就職することができたのです。

望んだ会社に入り、エンジニアとしてのキャリアをスタートできたものの、そのころから日産は経営があやしくなっていて、入社4年目には三重県のディーラーに販売出向に行かされました（いま思えば、そこでのお客様とのふれあいが、その後のキャリアに対する考え方に影響を与えてくれました。そのときはまったく意識していませんでしたが……）。

2年半後には日産本社に戻り、ふたたびエンジン開発に携わるようになりましたが、ちょうどそのころ、資本提携先のルノーからやってきたカルロス・ゴーン氏が最高執行責任者に就任。経営改善策が次々と投入され、社内の雰囲気がなんとなくギスギスとしている中、エンジン開発部門にも通称ゲンテイというチームが新設され、私はそこに行くことになったのです。

ゲンテイとは原価低減のこと。収益を上げるため、取引先の各部品メーカーにいろいろなリクツをつけては部品代の値引きをお願いするのが主な仕事でした。といっても、どのメーカーもカツカツの状態でがんばっていることは百も承知ですから、その強引ともいえるお願いをするのは心すり切れることでもありました。ある日、散髪をしにいったときには、「お客さん、気づいてますか？　ここ、**円形脱毛症になっていますよ」と言われ、「うわ、やりたくないことをすると、体にもダメージがくるんだな」とショックを受けたりもしたものです。**先ほどお話しした鍼灸師に関心をもったのもこの時期のことです。

その後、担当業務に多少の変化があったり、職場のモチベーション向上業務をまかされたりして、仕事のやりがいは少しずつ戻ってきましたが、やはりこの時期を経験したことが**「自分のしたいことをして稼げるようになりたい」**とぼんやりとではありますが、思うきっかけとなったような気がします。

「ラットレースを抜け出す！」資産形成の必要性に目覚める

老後資金のことが気になるようになったのもこの時期からのことでした。**「このままなにもせずに定年まで勤めたとして、長い老後を不安なく暮らしていけるのだろうか？」という疑問が湧いてきたのです。**

そのころ、たまたま手にしたのが、**『金持ち父さん 貧乏父さん』**（ロバート・キヨサキ著）**という本**でした。大ヒットした本なので、読者の中にも読んだことがある人は多いかもしれませんね。この本に出てくるのは、学歴はないけれど、お金と自由をもっている金持ち父さんと、学歴と高収入があるのに、いつも時間に追われ、住宅ローンとクレジットカードの支払いにも追われている貧乏父さんです。

本の中にはいくつものメッセージがありますが、私がとくに刺激を受けたのが、**「自分の望む人生を手に入れるために、ラットレースから抜けろ」**という言葉でした。

ラットレースとは、働いても、働いても、いっこうに資産が貯まらない状態をいいます。**どんなに稼いでもただ消費するだけだとしたら、回し車の中でクルクルと回るネズミのようなものだ**というわけです。そして、ほんとうのお金持ちになれるのは、学歴があろうがなかろうが、資産や人脈の形成をして、増えた分をまわりに分配しながら、さらに資産を増やしていける人間だと著者は書いていました。

この話を読んだとき、まさに自分はラットレースの中のネズミだと思いました。メーカー勤務で収入はそれなりにありましたが、当時の私は車が趣味で、国内限定30台のＮＩＳＭＯ ２７０Ｒというスポーツカーを所有し、シートをカーボン製に替えたり、各地のサーキットに走りにいったりすることにお金をどんどん注ぎ込んでいたのです。

そんな自分のお金に対する姿勢などを振り返り、**「この生活をつづけていたら、いろいろと問題が出てきそうだな」、「なにかやるべきことがありそうだな」と考えるようになった**のです。

そんなことを考えていたある日、同居していた義父からこんな誘いを受けました。

「ハンバーガーの日本マクドナルドの株が公開されるそうだ。証券会社から儲かると聞いたのだが、きみも買ってみないか？」

本を読んで刺激を受けたところだったこともあり、私はすぐにその話に乗ることにしました。ラットレースから抜け出すには腹をくくる必要があると思い、思い切ってスポーツカーを手放しました。約500万円で買ったスポーツカーの売り値が200万円ほどにしかならず、ちょっとヘコみましたが、ともあれ、そのお金の一部で通勤用の小さい車を買い、そして、40万円ほどを日本マクドナルドに投資してみたのです。

結果は惨敗でした。公開当初は株価が急上昇したものの、どんどん下がっていってしまい、損することとなったのです。

義父は「だまされた。もう株は二度とやらない」と手を引いてしまいました。一方、私は「なぜ、下がってしまったのか」ということが気になって仕方がありませんでした。昔から知りたがりで、自分でちゃんと物事の構造を理解しないと気がすまないほうだったのです。というわけで、自分なりに勉強をしながら、もう少し株式投資をつづけてみることにしました。

まずは、自分の知っている企業に投資するのがいいだろうと思い、ブリヂストンの株を購入しました。仕事の関係で知っていたのですが、ブリヂストンはファイアストンというアメリカのタイヤ会社を子会社として持っており、少し前、この子会社にリコール問題が起きていたのです。そのために親会社であるブリヂストンの株価も極端に下がっていたのですが、同社は業界の先端を走るトップメーカーであり、いつまでも低調のままでいることはないだろうと思いました。つまり、「底値を打っているいまはきっと買いどきだ！」と判断したのです。さっそく株を購入すると、見事にそれが当たり、儲けを出すことができました。

ほかには日産のライバルになりますが、この時期、業績が非常に好調だったトヨタ自動車の株でも儲けを出すことができました。また、私は宮崎県の出身で、子連れで実家を訪れる機会がしばしばあったので、日本航空（ＪＡＬ）や全日本空輸（ＡＮＡ）の株にも投資してみました。そして、株主優待によって航空券を有利に購入するというちょっとうれしい体験もして、次第に株のおもしろさにハマっていったのです。当時はドコモのｉモードで**一日に何度も株価の動きをチェックしては一喜一憂**していたものです。

その後、うまくいくことばかりではなく失敗もありました。「いまが底だ！」と思って投資したところ、株価がさらに急降下して損をしたとか、会社の実態をあまり知らないものの、この業界は伸びるだろうと思ってある株を買ったら、ほどなくしてその会社が倒産してしまったとか、「やってしまった……！」という経験は何度かあります。

1番の失敗は、大家業をはじめてからだいぶあとのことですが、JALが会社更生法を申請し、一時100万円ほどの評価額だった株券が紙くずになってしまったことです。

そうした経験をする中で、思うようになったのです。

「株価は自分ではコントロールできない。自分しだいで収益性がコントロールできる資産形成の方法はないだろうか？」、と。

中古アパートを手に入れ、サラリーマン大家に

「そろそろ自分たちの家を持ちたい」

妻からこんな希望が出て、私たちは休みになると、神奈川県内の建て売りの新築物件や中古物件を見てまわるようになりました。妻はフルタイムで働いていて、出産後は同居する両親に助けられながら子育てと仕事を両立していましたが、子育てにゆとりが出てきたせいか、持ち家への関心が湧いてきたようでした。

住まい探しをする中で意外な発見だったのが、中古物件が思いのほか魅力的だということでした。選択肢はかぎられていますし、ゼロから自分の好きなようにつくることはできませんが、広くて良質な物件が新築より手ごろな値段で買えることに気がついたのです。

一方、書店で住宅関連のコーナーを眺めていると、〝不動産投資〟、〝サラリーマン大家さん〟といったタイトルの本がよく目に入ってきました。2003年ごろのことだったと思いますが、当時はサラリーマンがアパート経営をすることはあまりなく、サラリーマン大家という言葉の走りの時期だったと思います。しかし、そのチラチラと目に入ってくる言葉に惹かれて本を読んでみて、「なるほど、アパート経営というのはありかもしれないなぁ」と思うようになったのです。

まもなく神奈川県内に家族向けのよい住宅を見つけて購入し、親子3人で義父母の家から引っ越しました。中古の一戸建で、費用の返済には会社の低金利の住宅ローンを組みました。頭金には蓄えていたお金を使いましたが、すべてを使わずにすんだので、残りをアパート経営の資金にしようと考えたのです。ただし、賃貸事業は大きな額の投資になりますし、銀行の融資を受けないとスタートすることができません。そこで、実用書を読んで勉強し、ネットで情報を収集し、物件を購入・運用した場合のシミュレーションをいくつかのパターンでしてみたりと、慎重に下調べを進めました。

それで考え至ったのが、「中古でも一定の需要のある地域にある良質な物件で、購入時点で満室になっているのだとしたら、事業としてなんとか成立するだろう」ということでした。また、築年数が長い場合は建物の評価額はもうほとんどなく、土地のみの価格とあまり変わらない価格でアパートを購入することができそうでした。「すると、万が一、空室が増えてしまったりして賃貸事業がうまくいかなかったときは、住宅地として土地を売却すれば大きな損は出ないだろう」とも思いました。

そして、2004年、私は神奈川県の郊外に初めての賃貸アパートを手に入れました。有名ハウスメーカーがつくったもので、軽量鉄骨造の2階建。〝築古〟の中古物件でしたが、管理の専門会社が入り、物件の居住性・安全性、家賃回収業務などはきちんとなされていました。立地は住宅地で、土地面積は270㎡。いざというときは2区画に分け、戸建住宅用地として売ることができそうでした。建物の外観は地味なカラーで古びたかんじもあったので、いずれ塗り替えればイメージアップもできるのではないかと思いました。

部屋は全12室、ほとんどが単身のお客様で、購入時点で満室でした。オーナー・チェンジという形での購入だったので、家賃は最初の月から入ってきました。管理会社が入っているので、日常の些末事でサラリーマン大家が煩わされることもありません。例外として、「お客さんから隣室の騒音のことでクレームが入っていますけど、どう対応します？」とか「修理している箇所に予定外の部品代がかかることになりました。予算オーバーとなりますが、このままつづけてかまいませんか？」といった連絡が入り、すぐに判断しなくてはいけないような場面はありましたが、ごくまれなことでした。

収支は、家賃収入が月約50万円で、ローン返済が約30万円。管理費などの経費を払っても、月に10万円以上が手元に残りました。次項でお話しするように、このお金が丸々残るわけではなかったのですが、これまでの株式投資と比べても、サラリーマンの副業としてはまずまずの収益だと思いました。

空室リスクの問題に悩まされることもなく、また、入居者がしっかりとした人々だったことにも助けられ、初めてのアパート経営は軌道に乗りました。その後、中古アパートを買い足す機会も得て、それらの運用とローン返済も順調に進みました。

ちなみに最初に買った物件は元のオーナーの名前のついた〝コーポ○○〟という名前だったのですが（私だとしたら〝コーポ井上〟ですね）、外壁を爽やかなブルーに塗り替え、ラテン語で青を意味する〝アジュール〟という単語が入る名前に変えたところ、1室あたりの家賃を1000円ほど上げることができました。やはりイメージは大事ですね。

賃貸事業の資金はどうやってつくる？

多額の資産を持っている人は別ですが、賃貸事業をはじめる際、土地や建物の購入にあたっては金融機関から融資を受けることが必要です。昨今は融資を受けるにも購入価格の40〜50％は自己資金でまかなうことが求められがちなので、賃貸オーナーを目指すなら、いまから着実に資金を蓄えていくことが必要です。

一般の投資商品

私は主に株式投資で増やしていきましたが、最近の投資方法としては〝**つみたてNISA**〟もおすすめです。投資信託を利用した着実な資産形成ができ、非課税というメリットも享受できます。ちなみに、**資産運用の期間は長ければ長いほど銀行へのアピールになります**。計画性をもって確実に積み立てていることが、個人の信用に結びつくのです。初めて融資を受けるとき、**銀行からはたいていい3年分の源泉徴収票**

の提出を求められます。最低でも3年はコツコツと積み立てていくとよいでしょう。

ネットでコツコツ

一方、〝ヤフオク!〟、〝メルカリ〟などのネット・オークションを利用して、断捨離をしながら売却益を貯めていくのもよいのではないでしょうか。私は初めての株式投資の際に車を売却しましたが、**要はあらゆる手を使って、資金を貯めていくという意識が大事**だと思うのです。

また、**〝ココナラ〟**など個人のスキルを販売するサイトに登録し、**自分の得意なことでお小遣い稼ぎをする**のもよいのではないでしょうか。絵がうまい人は「似顔絵を描きます」とか、動画編集が得意な人は「編集代行します」とか、できる範囲で副業のようなことをしてお金を得るのも一つの手でしょう。これは**自分の特技を知り、実際にお金の取れる形をつくったり、それをブランディングしたり、不特定多数の人にアピールしたりする作業でもあり、自己理解や自己表現のトレーニングにもなる**でしょう。**将来、一芸物件をプランニングする際の一助にもなる**と思うのです。

銀行融資を受けるための裏ワザ

数年前、**〝かぼちゃの馬車事件〟**が起きてから、金融機関による個人への融資の審査が急激に厳しくなりました。〝かぼちゃの馬車〟という女性用シェアハウスの販売時に銀行による不正融資が行われたもので、しかも、その賃貸事業が破綻したことから投資した人々は大きな負債を抱えることとなり、社会問題にもなったのです。

厳しい状況の中でもなんとか融資を取り付けるためには、**金融機関の担当者に自分が確実に返済のできる人間だというアピールをする**ことが必要です。

その際、「自己資金をこれだけ用意しています」、「持ち家なので、評価額から残債を引いたこのぐらいの金額が担保になります」などの正統的なアプローチも欠かせませんが、**ほかに裏ワザといえるようなアピールの方法も**あります。必ずしも効果が出るとはかぎりませんが、**「できることは、なんでもしよう！」という気持ちで取り組むと、意外な突破口が開けることもある**のです。

なお、前提として、クレジット会社のブラックリストに名前が載っている、税金等の滞納がある、反社会的な活動をしているなどはNGです。

◎**家系図を味方に**：「両親が自宅以外にも土地を持っている」、「親が公務員なので信用がある」、「叔父が議員なので信用がある」など、よい属性の家系にあることをアピール。とくに資産の相続の予定があれば、それを伝えるメリットはあると思います。

◎**銀行取引のある親しい人に口利きしてもらう**：たとえば、地元で事業をしているおじさん、知り合いの地主さんなど、銀行との信頼関係をもっている人に担当者を紹介してもらったり、「この子は大丈夫だよ」と口添えしてもらったりする。

◎**融資担当の人に教えてもらう**：銀行の融資担当の方に、あとはどんな点をアピールすると、社内の稟議書が通る可能性が高まるかと聞いてみる。

新人大家でも購入しやすい中古物件。ただし、リフォーム費用がかかることは覚悟しておいたほうがいい

運用自体はたしかに予定通りの利回りで回っていたのですが、2つ、気になることがありました。

アパートの入居者は単身者が中心なので、転職などが決まって退去するということがしばしばありました。次のお客様は比較的スムーズに決まりましたが、**中古物件ということもあり、入居者募集の前にはリフォームが欠かせません。そのリフォーム費用が思っていた以上にかさんだ**のです。

一例は、畳からフローリングへの床材の張り替えです。物件によっては和室があったのですが、畳の間では新規募集が困難になることが目に見えていたのです。お風呂

はバランス釜だったので（バランス釜は、最近はレトロな話題として出てくることが多いようです。スイッチをカチカチカチッと回しながら点火する方式です）、水栓をひねるだけでお湯をためられる給湯器へと付け替えました。ほかにもエアコンが壊れたとの連絡を受けると新しいものに交換したりと、44室もあると年に何度か対応しなくてはいけないことが発生し、そのたびにまとまった費用が出ていってしまうのです。そのため、赤字になることこそありませんでしたが、手元に残るお金は、当初、イメージしていた金額の半分ぐらいにしかなりませんでした。

ちなみに、**畳からフローリングにリフォームすることで家賃がアップできるかというとそんなことはありません**でした。当時の管理会社は私の物件のエリアがあまり得意でなかったというのもありましたが、「このあたりの相場はこのぐらいだから、上げることはできないですよ」などと言われると、「そうですか」と答えるしかありませんでした。ですから、このころは「自分で家賃をコントロールするなんて、できないんだ」と思っていました。

気になったことのもう一つは、**中古だとどうしても間取りや設備が時代おくれになる**ということです。さきほどの畳やバランス釜もその例ですが、間取りでいえば、バス・トイレが同じ空間にあるレイアウトがまさにそうでした。ここ10年ほどは嫌われる要素になっており、〝SUUMO〟などの不動産の総合検索サイトには、物件探しの希望条件として「バス・トイレ別」というチェック項目があるほどです。しかし、かつてはホテルのようにバスとトイレが一体となっているのが流行った時代もあったのです。

壁紙を張り替えたり、エアコンなどの設備を入れ替えたりするぐらいならまだしも、できあがっている物件の間取りを替えようと思ったら、大きな費用がかかります。電気・水道・ガスが関わると壁の中の配管・配線工事も必要になるので、そこまでしては賃貸事業の収支はマイナスになってしまうでしょう。

つまり、**中古物件の場合、自分の意思で手を入れられるところは相当にかぎられるのです。しかし、賃貸住宅にも時代に即した間取りや快適の形があります。不動産は**

経年とともに老朽化していきますが、お客様に提供できる住み心地やライフスタイルも経年とともに古びてしまう可能性をはらんでいるのです。

というわけで、アパート経営は順調だったものの、一方ではリフォームや設備の交換に追われ、「もう、おれ、リフォーム業者さんの仕事をつくるために賃貸事業をしているみたいだな」と、ちょっとやさぐれた気分になってきていたのです。

念願の新築アパートづくり。いまどきの間取り、便利でカッコいい設備、思い描いていたものをすべて取り入れた

手間もお金もかかる中古アパートとのつきあいがつづく中で、次第に挑戦してみたいと思うようになったのが、土地から購入し、自分自身でプランニングした新築アパートの建築でした。

イチから建てるのであれば最新のライフスタイルに合った間取りが実現できるし、いままでの経験を生かし、さまざまな工夫が取り入れられるだろうと思いました。もちろん、築古物件では頻度高く生じるリフォームや設備の交換の必要性もぐんと小さくなることでしょう。試してみたいことがいっぱいあって、考えるだけでもワクワクしました。

２０１４年、私はいよいよ新築アパートのプランニングにとりかかりました。資金はそれまでに保有していた中古物件を売却したお金です。

そして、２０１５年春、待望の１棟目の新築アパートが竣工しました。神奈川県内の総合大学のある町で、土地は約１８０㎡、２階建・全７室のアパートです。広大なキャンパスがある大学で、いくつかある門の一つから数百ｍという便利な立地でした。ターゲットはもちろんその大学に通う学生です。

地域には学生向けの賃貸物件が乱立しており、その中にあって、ほかのどこにもない特徴を備えたアパートにしたいという思いから、間取りや設備には以前から頭に描いていたさまざまなことを実現しました。

2015年の新築アパートで取り入れた設備

・1階の部屋に大型の地下収納庫
・2階の部屋にロフト
・トイレは温水洗浄便座
・お風呂は追い焚き機能・浴室乾燥機能付き
・IHクッキングヒーター（2口以上）
・テレビモニターホン
・玄関の鍵はテンキーロック（電子キー）
・防犯カメラ
・高速インターネット（無料）

もっとも大きなものが、**1階の部屋には地下収納庫を、2階の部屋にはロフトを採用した間取り**です。地下収納庫は趣味のスペースなどにも使えるもので、天井高が約1m20cm、広さは約4畳。もう一つ部屋があるようなダイナミックなスペースに仕立てました。

一方のロフトも約4畳。たとえば、このロフトをベッドルームとして使えば、メインのフロアは勉強部屋兼リビングとしてゆったりと使えます。もちろん、学生たちに部屋を広々と使ってもらうことが目的でしたが、内見のときなどにロフトのある部屋は天井が高いことでいっそう広く感じられるという効果も期待できます。

さらに部屋の設備にもこだわりました。ぜったい外せないのが温水洗浄便座です。お風呂は追い焚き機能・浴室乾燥機能付き、キッチンのコンロはすべてIHクッキングヒーターで2口以上としました。

セキュリティの面では防犯カメラを設置し、玄関にはテンキーロック（電子キー）を取り付けました。テンキーロックとは、鍵を持たず暗証番号を入力してドアのロックを解除するもので、銀行でも使われている商品を採用しました。これは10年近い大家経験を踏まえ、選んだ設備です。

大家のところには、ときどき入居者からSOSが入ることがあるのですが、いちばん多い連絡の一つが、「鍵がなくて、部屋に入れない」というものです。帰省時にうっかり実家に置いてきてしまったというケースもしばしばありますし、紛失の場合もあります。

鍵をなくしたら専門業者に連絡し、開錠してもらうしかないのですが、手間もかかれば費用もかかります。それなら、最初から鍵のない方式にしておけば、なくす心配もないだろうと考えたわけです。

一般の鍵に比べ、初期費用は1箇所あたり4万円ほど余計にかかります。しかし、紛失時に専門業者を呼んだり、なにかの必要が生じてシリンダーごと鍵を交換したりする費用と比較したら、けっして高くはありませんし、入居者には鍵をなくす心配がないというメリットを提供できます。見栄えもカッコいいですし、セキュリティがしっかりしているというイメージをもってもらえるため、**入居時だけでなく、売却の際も物件の付加価値向上としてコスパの高いアイテムだと私は思っています。**

また、入居者の入れ替わりの際は、リフォーム会社の人が出入りしたり、仲介会社の人が内見のお客様をお連れしたりと、いろいろな人が部屋にやってきます。その際、いちいち管理会社に鍵を取りにいくのはたいへんなので、アパートの敷地内にキーボックスを置いて、そこから鍵を出して使ってもらうのですが、そのボックスの場所やふたを開けるためのダイヤル番号を伝えるのもまた面倒だったりします。その点、テンキーなら番号だけ伝えればいいので、大家もラクですし、出入りする人々もラクでよろこばれているのです。

こんなに便利なのに、**この大学のエリアでテンキーを採用しているアパートは、私の知っているかぎりでは2〜3％しかありません。**もったいないですよね。

うれしいことに、欲ばりといえるほどの私の思いを反映した新築物件は、さっそく満室になりました。

ロフトや地下室のある部屋は、1部屋につき50万円ぐらい、余計な工費がかかります。しかし、この個性はほかにはない特徴となって、高い集客効果を発揮するとともに、高めの家賃設定を可能にします。賃貸物件の賃料は経年とともに下がっていくことが多いのですが、**高い人気を維持すると、家賃も高水準を維持していくことが可能**です。初期投資が高くても、それに余りある効果が発揮されることもあるのです。

この付加価値はもちろん新築だからこそ実現したことです。既存の物件に同じような設備をつくろうとしたら、それこそ何百万円もかかる工事になりますから、到底できるわけはないのです。

自分なりのビジネスモデルが確立。でも、まだなにかが足りない。そうして行きついたのが〝一芸物件〟だった

2015年の夏には同じ地域にもう1棟、新築アパートを建てました。今度は1階2階ともにロフトを付けた学生向けの物件です。

完成が遅れ、2～3月の繁忙期を逃してしまったために初年度は2部屋しか埋まりませんでしたが、翌年の3月には無事満室となりました（学生向けアパートは完成時期を誤るとたいへんなことになりますので、みなさんも気をつけてくださいね）。

そして、ここまでの経験を経て、**「それまでの事業で得た収益を資金に、自分で地域を選び、土地を選び、ターゲットを絞り込み、そのターゲットに合った建物を企画・建設する」という自分自身のビジネスモデルが確立**したという実感を得ることもできたのです。

その後、さらに保有していた中古物件を売却し、それを原資に新たな新築物件の企画にとりかかったのですが、この時期になると、周囲からアパート事業をはじめたいので手伝ってほしいという人が数人出てきていました。平日はサラリーマンとしてフルタイムで働き、不動産事業は土日のみで行っていたわけですが、いよいよ両立が難しくなってきたのです。

収入面では、当時のサラリーの2倍を超える事業収益が確保できるようになっていたので、生活は十分に成り立っていくだろうと思われました。妻がフルタイムで働いていたことも安心材料の一つでした。家事・子育てをこなしながら、仕事にも全力で取り組んでいる妻にはいつも感謝と尊敬の念を送っています。

もう一つ、金融機関の人から、「もう日産という肩書きがなくても、大家さんとして十分な実績があるので融資は下りますよ」と言ってもらったことにも背中を押されました。

また、まもなく50歳という人生の節目を迎えるにあたり、残りの人生を考えたときに「サラリーマンをメインに働く自分と不動産をメインに働く自分のどちらがワクワクするのか？」と自分の今後のキャリアについて自問自答を繰り返した結果、２０１６年、私は約24年間勤めた日産自動車を卒業したのです。

専業大家となった時点の私の事業状況を整理しておきたいと思います。

２００４年に賃貸事業をスタートした私は２０１０年までに4棟の中古アパートを購入しました。その4棟を２０１７年までにすべて売却。いずれも外壁塗り替えによるイメージアップや、インターネット無料化による利便性アップ、また住民の方とのコミュニケーションなど管理に力を入れてきたことなど、多くのチャレンジが功を奏して賃料アップできたおかげで、購入時の価格より平均で１０００万円ほど高い値で売却することができました。そして、その売却益で新しい物件を企画・建築。同じ年の10月までに6棟の新築アパートを保有するようになっていました。

6棟というとなかなか立派な事業規模といえるかと思います。そして、私自身、自分が企画した物件には自信をもっていましたし、実際、どの物件も満室に近い経営がつづいていました。しかし、この章の頭でお話ししたような理由で、この時期の私は安穏とした気分にはなれずにいたわけです。

新築アパートには、前項でお話しした設備に加え、それぞれの敷地内に宅配ボックスを用意しました。また、全戸にインターネットが無料で使えるサービスやＡＩスピーカーを追加、出先からスマートホンでエアコンのスイッチがオン／オフできるＩｏＴ(Internet of Things)の機能も導入しました。

さらに、各アパートの外構には防犯カメラを設置しました。防犯カメラは付けているだけでも犯罪の抑止効果があるようです。保有するアパートや近隣で事件が起きたことはありませんが、ときどき警察の依頼を受け、映像提供をしたりしています。

「ハード面はやり尽くした。今度はソフト面だ。でも、どうすればいい？」。こんなことを考えて悶々としていたとき、キャリアコンサルタントとなるきっかけをつくっ

［近年の新築アパートで新たに取り入れた設備］

・IoT（Internet of Things）機能
・AIスピーカー
・カウンターテーブル
・1階の電動シャッター
・キッチンのカウンターテーブル
・外から中が見えない型ガラス

てくれた学生さんとの出会いがあり、私は私の一芸物件を実現するに至ったのです。

新築じゃないのに賃料アップとはほんとうに希有なこと。そして、1000円でもこれだけの違いが

ところで、みなさんは〝新築プレミアム〟という言葉を聞いたことがあるでしょうか？　これは、新築物件の賃料を相場より少し高めに設定することをいいます。いわば新築のご祝儀価格です。

物件は1日でもだれかが住めば新築ではなくなりますし、だれも住まなくても1年を経過すると〝新築〟という表記はできなくなります。つまり、賃料は新築のときがいちばん高く、1年後に相場家賃まで急激に下がり、その後は建物の経年劣化に合わせてゆるやかに下降していくのです。

ただし、ごくまれなことですが、〝築古〟こと築年数の経った物件の家賃がアップ

することがあります。たとえば、オーナー・チェンジなどをきっかけに、ボロボロだった建物と設備がかなりの費用をかけてリフォームされたような場合です。さらに花が植えられたりして雰囲気が明るくなったら、空室がなくなったとか、少し家賃が上げられたとか、そんなことはあるようです。

また、これも希有なことですが、物件には関係なく、外的な要因で家賃が上がることもあります。たまたま近くに新駅ができた、ショッピング・センターができたといった場合です。開発の恩恵で地域の家賃相場が上がるわけですね。

結局のところ、そのぐらい「ない」ということです。**経年劣化が宿命ともいえる賃貸物件において、建物・設備などのハード面にとくべつに手を加えることなく家賃を上げることができた例は私の知る範囲ではありません。**

ところが、第1章でもお話しした通り、それが私に起こったのです。そして、月1000円の違いでも、収入はもちろん、資産価値にもどれだけの違いを生むか、

［〈例〉家賃5万円、10室アパートの年間家賃収入］

10室×5万円／月×12カ月=600万円
⇒表面利回り10%の物件として売却した場合の販売価格
600万円／10%＝6000万円

月家賃が1000円アップしたら……

10室×5万1000円／月×12カ月＝612万円
⇒表面利回り10%の物件として売却した場合の販売価格
612万円／10%＝6120万円

年間家賃で12万円、売却価格では120万円の差が出る

上の図を見てください。
もしも、このアパートを売却する場合、月の家賃が1000円上がっていたとしたら、以前より120万円高く売れる可能性があります。さらにアパートを10年運用し、かたや家賃4万4000円に下がり、かたや5万2000円に上がったと仮定すると、販売価格に960万円もの差がつくことになり、たかが1000円でもその積み重ねがあなどれないことがお分かりになるでしょう。

サラリーマン大家。会社は辞めるべきか、つづけるべきか？

最近は厚生労働省のガイドラインがつくられたこともあり、多くの企業が従業員の副業を解禁していますが、私が在籍していたころの日産自動車は副業禁止でした。ただし、不動産業に関してはグレーでした。親がアパートを持っていたら、その事業を継ぐこともありますし、海外赴任のときは自宅を賃貸に出すことを会社も奨励していたからです。その意味では、私がサラリーマン兼業で大家をつづけていても、おそらく問題になることはなかったでしょう。しかし、結局、退職することにしたのは、大家業で時間にゆとりがなくなってきたからです。

第3章でお話しした通り、一時はゲンテイ（原価低減）の仕事で疲れていた私ですが、不思議なもので、賃貸事業が軌道に乗ってくると気持ちにゆとりができて、上司に対して思ったことを気兼ねなく言えるようになったりもして、会社の仕事もおもしろくなっていました。安心のためには会社の給料体系に乗っていたいという思いもあり、積極的に辞めようとは思っていなかったのです。しかし、週末にアパートを回って草むしりや掃除をするのに加えて、4棟目の新築物件の企画を進めていたのと、親しかった人から「自分もアパート経営をしたい」と相談を受け、その手伝いにもパワーを割いていたことから、会社の仕事との両立が難しくなったのです。それで、家賃が安定して入るようになっていたこともあり、大家専業という道を選択したわけです。

サラリーマン大家が会社を辞めるべきか否かは、一人ひとり背景が違いますから、一概にどうするべきということは言えません。ただ、私の経験から言えるのは、仕事を辞めてから次のことを考えるのではなく、次の準備を並行して進め、ある程度のメドが立ったところで次に移ることが大切だということです。

次の準備をする中では、「じつは隣の芝生が青く見えていた」だけで、いまの自分が恵まれた環境で仕事をしていることに気づくこともきっとあるはずです。そんなときは、その自分の気づきを尊重することも大事な選択になると思います。

ちなみに最近は早期退職でＦＩＲＥ状態になった方が、生きがいを求めて再度会社員になる「ＦＩＲＥ卒業」なるワードも出てきています。

第4章

多くの人に愛され、人々を幸せにする一芸物件であるために

大家の心のもち方と
よりよい資産運用のヒント

大家が掃除している姿は入居者もちゃんと見ていてくれる

最後の章では、賃貸事業をより円滑に運用するために私が大事だと思っていることをお話ししたいと思います。

一つ目は、物件に愛情をかけましょうというお話です。

CMのフレーズを借りれば、「そこに愛はあるんか？」です。「え、ここで精神論？」と思った人もいるかもしれませんが、じつはこれがアパートの平和にも、資産価値の維持向上にも、大きな意味をもっているのです。

ちょっと想像していただきたいのですが、アパートの敷地が草ボウボウか、スッキリと草むしりしてあるかで、気分はずいぶん違うと思いませんか。

共用部がきれいであれば、住んでいる人も気持ちいいし、自分もきれいに暮らそうと思ったりするものです。

逆に、たとえば、郵便ポストのまわりが捨てられたチラシであふれていたりしたら、「自分もべつにいいか」と同じように捨てる人が出てくるかもしれません。

また、町の中ではたまに空き家を見かけますが、窓ガラスが1カ所割れていると、ほかの窓も割られたり、壁に落書きされたりということが起こるものです。

入居者のモラルが低いと、隣人同士のトラブルが起こったり、家賃の滞納が出たりする可能性も高まります。いいことも悪いことも連鎖しますから、その基本として、物件をきれいに保つのはとても大事なことなのです。

じつは私は保有するアパートの掃除は管理会社に委託せず、自分ですることにしています。

週1度ほどのペースで保有する物件を回り、草むしりをしたり、共用部を掃除したりしていますが、一定期間ごとにアパートを訪れ、ゴミ捨て場をチェックしたり、掃除をしたりしながら、視界に入る部分だけでも変わりがないかを点検することは有意義なことだと感じています。燃えるゴミに空き缶がまざっていたら、ビン・缶用のコンテナに移します。その際は缶を目につく場所に置いて、捨てた人が「おれの出したやつだな」と気がつくようにしたりしています。ちなみに、そんなときのために、いつもゴム手袋を持って歩いています。

管理会社によれば、半分以上のオーナーが自分の保有する賃貸物件を訪れることがまったくないのだそうです。

もちろん物件の管理と清掃は管理会社がしてくれますし、遠隔地に暮らす人などはあまり気軽に行くことはできないでしょう。でも、まったく行かずに任せっぱなしというのはもったいないことだと私は思うのです。

中には物件に関心がないような大家さんや、物件が汚かろうが部屋が埋まっていればよいという大家さんもいるそうです。アパートやマンションの敷地にはたいてい管理会社の名前と連絡先の入った看板が立っています。そして、自社が管理している以上、それなりの清潔感と快適さが感じられる物件として維持しておきたいと、プライドと使命感をもって仕事をしてくれているわけですが、無関心な大家さんだとサービスの提案のしようもなく、管理会社としても困惑するのだといいます。

MEMO

- 自分の物件には定期的に足を運ぼう。
- すべてを管理会社に任せず、自分の目で物件の点検をしよう。

入居者からクレームが入ったら、「ラッキー！」と思ったほうがいい

なんらかのクレームが入ってくると、私はつい「ラッキー！」と思ってしまいます。クレームをつけた側の入居者と、クレームの対象になっている入居者の双方とコミュニケーションをとるチャンスだからです。

クレーム対応が終わったら、ついでに「一人暮らしで困っていることはないかい」とか、「最近、どんなことに関心があるの？」とか、「アパートのことで、なにか希望があったら聞かせて」などとさりげなく言ってみます。すると、物件への感想や、学校のこと、実家のこと、アルバイトのこと、休暇のこと、部活動のことなどを話してもらえることも少なくありません。とりとめのない話なのですが、相手のことを知ったり、アパートについて思っていることが聞けたりする大切な機会にもなるのです。

私は新しいお客様の入居の日には、できるだけアパートに顔を出すようにしています。外出先でエアコンのスイッチを入れられるIoTの使い方やゴミ出しルールなどを説明するためですが、じつはその機会に1分でも3分でも話をすることで、顔見知りになっておきたいというのがいちばんの目的です。

だいぶ前のことですが、私のアパートを退去していく人から、「じつは隣室がずっとうるさかった」という話を聞きました。「言ってくれればよかったのに」と言ったのですが、遠慮があったのと、「言いつけたと思われたら、隣人からいやがらせをされるかもしれない」という思いがあって、がまんして過ごしていたようなのです。

自分のアパートに入居する人には快適に過ごしてほしいと願っていますから、それはとても残念な出来事でした。

学生アパートなど若い人が入居する物件の場合、もっとも問題になりやすいのがゴミの分別と騒音にまつわることです。

そして、それらは「知らなかったから、そうしてしまった」ということが非常に多いのです。騒音については、「そこまで音が響いているとは思わなかった」、ゴミの分別については「よくわかっていなかった」、「実家のある地域と分別の仕方が違った」というのが問題の原因だったりするんですね。

そんな入居者には、一度、気をつけてもらうよう伝えると、たいていはすぐに改善してもらえます。それも顔見知りになっておくと、注意するときも、深刻ではなく気さくにすることができるのです。

江戸時代の長屋では、大家は親も同然という意識で住人に接していたといわれますよね。小さい子どもたちの面倒を見たり、食うに困っているなら食べるものを届けたりと、親身になって手を貸してあげたり、相談に乗ったりしていたわけです。

現代は管理会社が入っていますから、大家と入居者の間には一定の距離があります。管理会社は賃貸事業に不可欠の存在ですが、学生アパートの場合、大家は保護者からお子さんを預かっているという意識もあるので、安心・安全な住環境を提供するためにも、原点回帰といいますか、江戸時代の大家のようなマインドで入居者と接することができればいいなと思ったりするわけです。

といっても、ズケズケといくのはNGです。草むしりをしているときなどに、入居者のほうから「こんにちは」などと声をかけてもらえるぐらいがベストですね。そう、だから機会を見つけて顔見知りになっておきたいなと思うし、自分で掃除や草むしりにも行こうと考えるわけです。

MEMO

- 入居者と顔見知りになっておこう。
- クレーム対応は、コミュニケーションをとるチャンス。
- 会う機会があったら、さりげなく話を振ってみる。

持ちつづけることがすべてではない。ときには売却が最良の資産運用になることも

賃貸事業は長期にわたって運用していくもので、株式のように頻繁に売ったり買ったりを繰り返すことはできません。管理会社に聞いても、大家さんで圧倒的に多いのは「保有しつづける」という人で、一定期間後の売却を見込んでいる人はあまりいないといいます。

しかし、私は、アパートなどは必ずしも長期にわたって持ちつづけなくてもよいと考えます。売却することが次のステップのための有意義な選択肢になることもあるからです。

第3章にも書きましたが、賃貸住宅はどうしても経年変化します。同時に間取りや

設備やデザインも、長年の間には時代おくれになっていくものです。もう一つ言えば、大家としては、いま保有している物件にはない〝あんなアイデア、こんな設備〟を自分のアパートに取り入れてみたいと夢見たりもします。そこで、保有する物件を売却し、その売却益を原資として、新しい物件を建てればいいということに思い至ったわけです。

この循環には、「つねに時代に合った機能性・快適性を備え、競争力の高い物件を保有することができる」、「それによって、つねに有利な条件で賃貸事業を展開していくことができる」という大きなメリットがあります。これによって、経年劣化などによってパワーダウンすることのない持続可能なビジネスモデルが確立できると確信したわけです。ちなみに私から物件を買っていただいたほとんどのオーナーさんとはいまでも連絡を取り合い、物件の運用について互いに情報交換を行うとともに、一芸物件に近づけるお手伝いをさせていただいています。

「でも、建物は買ったときより値下がりして、どうしても損が出るのでは？」

こう思う人は多いかもしれませんね。もちろん、どの建物でもよい条件で売れるわけではありませんし、売却にはタイミングもあります。

第3章でもお話ししましたが、たとえば、劣化が見られる物件を安く購入したとしたら、メンテナンスや設備の入れ替えなど物件磨きには注力していったほうがよいと思います。たとえば、外装の塗り替えをすれば、建物の見栄えは確実によくなるので、空室が全部埋まったり、家賃を上げられたりする期待も高まります。すると、収益物件の資産価値はどれだけ利益を出すか、つまり、利回りで決まることがほとんどですので、買ったときよりも高く売れる可能性も出てくるのです。

なお、物件の収益性は、「購入から売却まで」を見なくてはいけません。月々のインカムゲイン（家賃収入）だけでなく、売却時にどれだけキャピタルゲイン（売却益）を出すことができたかということです。したがって、これがプラスになるかどうかも、やはりどれだけ物件に愛情をかけ、資産価値を維持してきたかが大切な要素になるのです。

MEMO

- 物件を更新しながら賃貸事業を継続するという考え方もある。
- 手と愛情をかけた物件は、高値で売れる可能性も。

大家をやると決めたなら、腹をくくり、それなりに時間をとる

読者の中には、以前の私のようにサラリーマンをしながら賃貸事業も行うという人もいらっしゃることでしょう。そういうみなさんに一つアドバイスするとしたら、大家業を片手間とは捉えないほうがいいということでしょうか。管理会社に丸投げするのではなく、腹をくくり、それなりに時間をとって自ら関わるということです。

デュアルキャリア（本業を2つもつような働き方）という言葉もありますが、せっかく大家になったのなら、大家もあなたの重要なキャリアの一つになるはずです。多くのキャリア軸をもつことは、それらを掛け算し、新しいオリジナルの軸として自分の強みにすることにもつながっていくと思います。

そういえば、手塚治虫さんが医師免許を持っていたことはよく知られていますが、医師が主人公の『ブラック・ジャック』もまさに漫画家と医師という2つのスキルの掛け算から生まれた名作といえますよね。

入居者が幸せになれる物件をつくりたい。“住”を通じて社会の役に立ちたい

私は50代になる手前で会社を辞めて専業の大家になりましたが、退職を決めるまでには、定年までの残り10数年をどう過ごすのが幸せなのかずいぶん考えました。

「どちらの人生が楽しいのかな？」

「どちらにいたほうが自分は成長できるのだろうか？」

妻にも相談したら、こんな答えが返ってきました。

「食べていけるなら、どちらでもいいわよ。楽しく生きられれば、それでいいんじゃない？」

上場企業を辞めることに難色を示されるかなとも思ったのですが、まったくの杞憂

でした。このあっけらかんとした答えにも背中を押され、大家を専業とすることを選んだのです。

私が賃貸事業に惹かれるのは、衣食住の中の〝住〟を担うということに、自分の存在意義が感じられるからです。私の供給する物件を入居者に気に入ってもらえたときや、管理会社の人々とともに町づくりの一端を担っていると実感できたときは大きなよろこびや達成感を感じます。

そんな私の使命は、「ここに住むと幸せになれる」、そんな住環境を多くの人に提供することだと思っています。

それは、間取りや設備の快適性やユニークさ、安心・安全な暮らし心地、また、一芸も含め、物件や大家である私自身が提供する驚きや体験など、さまざまな要素によって実現へと至るものですが、使命をまっとうするということは、大家として賃貸事業にどれだけコミットできるかということであろうとも思っています。

そして、賃貸事業を進めるにあたっては、管理会社など専門家のアドバイスを受けることが不可欠ですが、専門家と対等の立場で意見を交換し、自分のこととして判断するには、大家自身が十分に勉強しておくことが前提になります。

また、第2章で〝4C〟、〝4P〟の考え方をご紹介しましたが、一般企業なら当たり前のように行われているマーケティングやPDCAのサイクルを賃貸事業にもあてはめて考えてみることはとても大事だと感じます。サラリーマン経験のある人などは、会社で学んできたことを生かす余地もたくさんあることでしょう。

ところで、私は賃貸事業で得た収益で、『World Vision Japan』のチャイルド・スポンサーシップに参加しています。これはアジアやアフリカの子どもの問題解決・環境改善・自立をサポートするプログラムです。じつは古くからあるもので、戦後の日本の子どもたちもこの制度には助けられたと聞きました。

子どもたちの未来に投資することは、自分の未来に投資することにもつながるのではないか。そう思い、プログラムでは、アパート1棟につき1人の子どものスポンサーとなり、毎月決まった額を寄付しています。自己満足かもしれませんが、自分の稼いだお金を、本業とは違う形で世の中の役に立てられることには充実感も感じます。

このプログラムへの参加をつづけていくためにも、大家として、一芸物件専門家として、さらに前進していきたいと思う今日このごろです。

MEMO

- 大家も、入居者も、管理会社も、幸せになれる方法を探る。
- 賃貸事業を通じて、人と、社会と、つながっていたい。

COLUMN

いずれ学校をつくります

２０２３年夏、竣工予定。私の新しい一芸物件、ご紹介！

この書籍の制作と並行し、新しい一芸物件の企画を進行しています。取材を通じて学んだことなども積極的に取り入れた、私にとっての現時点での集大成のようなアパートとなる予定です。企画の概要、そして、この一芸物件の先に広がる私の夢についてお話しします。

キャリコン×猫専用。一芸の掛け算のアパートに

新しいアパートは、以前から私が学生向けの物件を保有しているのと同じエリアに建築します。１３０坪もあるのですが、道路付けが変則的なために筆を分けることができず、住宅用地としての再利用は難しい土地です。賃貸住宅の用地にはぴったりなのですが、その道路付けの関係で割安で購入することができました。

ここに学生向けのワンルーム8室、社会人向けの1DK4室、計12室のアパートをつくります。大学の徒歩圏ですが、最寄り駅からも徒歩12分、しかもその途中に大型スーパー2店舗、コンビニ2店舗と、電車通勤する社会人にも利便性の高い立地です。

この物件には私のキャリアコンサルタントとしての一芸を付加すると同時に、社会人向けの4室には猫専用物件という一芸も付加することとしました。わが家では犬を飼っていますが、私自身、動物が好きなことと、これまでとは違うことにもチャレンジしてみたいと思ったことが猫専用物件をつくることにした主な理由です。

同エリアに既存の猫専用物件がないことは調査ずみ。間取り・仕様は「Gatos Apartment」の木津イチロウさんのアドバイスを参考に、猫がリラックスできるベランダや、広々としたロフトを設けることとしました。ロフトの窓からは外が見えるので、猫も人間もほっこりできる空間にできそうです。IoTによって外出先からエアコンのオンオフや温度設定ができるので、いつでも快適な室温を保つことができます。

社会人用の4室にはガレージハウス［HOBBY STUDIO］に倣い、敷地内に専用の駐車スペースを設けます。電気自動車の普及を見越し、各区画には専用の200V充電設備を設置。駐車場は愛車を雨風から守るカーポート・タイプにする予定です。また、全室にLANケーブルや埋め込み式WiｰFiも設置します。

目指すは、エリア全体の役に立つこと

さて、第1章でご紹介した入居者向けの食堂［トーコーキッチン］は、運営会社が管理する物件の入居者ならだれでも利用でき、この食堂の存在が1800室あるすべての管理物件の付加価値となっているということを覚えておられるでしょうか。

私も今回の物件を通じて同様のことを狙います。

テーマは、「学生と社会人、世代を超えてふれあえる越境学習の場」です。これまでのキャリコンのサービスをさらに進め、より豊かで有意義なサービスやアクティヴィティを展開していく予定です。それらは私の保有する物件のみならず、私が委託している管理会社が同地域で管理する物件約1500室の入居者にも自由に利用しても

らいます。

それが全室の付加価値となり、地域の魅力となり、賃貸市場の活性化と賃料の底上げにもつながるという効果を引き出すことも目的の一つです。

デンマークの国民学校に倣った学びと交流の場づくり

私はキャリアコンサルタントの国家資格を取ったあとにも、法政大学・田中研之輔教授の下で〝プロティアン・キャリア（変化に対応し、柔軟に変えていけるキャリア形成）〟を、同・石山恒貴教授が登壇されたセミナーで〝越境学習〟について学び、「田中教授のゼミのお手伝いをさせていただくこともあります。

そうした中で存在を知り、心惹かれたのが、デンマークの国民学校『フォルケ・ホイスコーレ』でした。17歳以上ならだれでも入学できる学校で、「自分を見つけ出すために人々が向かう、人生の学校」などといわれています。生徒は学びたい教科を好きに選択して、納得できるまで学ぶことができます。

新しいアパートでは、この『フォルケ・ホイスコーレ』をお手本とした越境学習の場を実現したいと考えました。私のキャリコンは学生の就職活動にまつわるものを中心に行ってきましたが、今後はより幅広い人々を対象に、自己理解を深め、〝ありたい自分〟に出会うためのサポートをしていきたいと考えています。

その拠点として、社会人向けの1室を当分は使っていくつもりです。昼間は私ができる範囲で常駐し、ドアをオープンにして、訪れる人の相談を受け付けていきます。

それ以外の活動内容はこれから一つひとつ検討していきますが、〝おもしろい大人〟に滞在してもらうという企画はぜひ実現したいと思っています。たとえば、ワーケーション中の企業人や、全国を転々としながら暮らし、おもしろい体験をしてきたアドレスホッパーの人々に住んでもらい、学生たちに仕事や人生の体験談を語ってもらったり、イベントに参加してもらったりする予定です。

なお、この一芸に関しては、株式会社仕事旅行社（https://www.shigoto-ryokou.com）の田中翼さん、Ｓｐｒｅａｄｙ株式会社（https://spready.co.jp）の大澤裕美さんにも協力していただいています。とくに『フォルケ・ホイスコーレ』に詳しい田中さんからは、さまざまなアドバイスをいただいています。

だれもがのびのびと自分に出会える学校をつくりたい

新しいアパートは2023年の夏に完成の予定です。まずは猫専用物件を軌道に乗せて、学生向けの部屋は翌2024年の春から本格稼働させることを見込んでいます。越境学習については、一度にすべてがスタートできるとは思っていません。一歩一歩、準備をして、確実に進めていければと思っています。

そして、じつは私にはその先の目標があります。デンマークの『フォルケ・ホイスコーレ』のような学校を、この地域につくるということです。

少子化の近年は廃校になる学校が少なくありませんが、その校舎を利用して実現する手もあるかもしれません。文部科学省には廃校を再利用する「みんなの廃校」プロジェクトというのもあるようです。

日本版の『フォルケ・ホイスコーレ』が実現したら、多くの人々の役に立ち、地域を活性化させ、文教地区という好イメージをつくることにも貢献できるでしょうか。

この構想の実現にはそれなりに長い年月が必要でしょう。

もしかしたら、私の代ではできず、だれかに引き継いでもらうことになるかもしれません。それならそれでもかまいません。「思うは招く」といいますが、思いを思いとして口に出し、実現の方法を考えつづける所存です。本気でそこに向かって進んでいれば、いつか実現する日が来ると信じています。

なお、新しいアパートの構想は浮かんだものの、当初、メインバンクからもおつきあいのある都市銀行からも融資が受けられず、これはもうあきらめるしかないかと思っていました。

しかし、事業家である叔父と土地の仲介業者であり地元の名士でもある知人に相談したところ、この二人から地元の信用金庫に推薦してもらえる運びとなりました。そして、ダメもとで融資を申し込んだところ、無事に通してもらうことができたのです。あきらめずに、考えられることはすべてやってみる。その大切さを実感した出来事でもありました。

学生と社会人、世代を超えてふれあえる“越境学習の場”ではこんなことをしていきます

①学生の就職活動・将来設計に関するコンサルティング、就活セミナーの開催など。

②年齢を問わず、社会人・生活人の人生相談、終活などに関するコンサルティング、イベントの開催など。

③“おもしろい大人”が一定期間ごとに物件に滞在し、学生や地域の人々と交流、イベントなどに参加。

④入居者同士のふれあいの場づくり。地域全体の盛り上げ。

おわりに

〝住〟のサービスは発展途上。ユニークで活気あふれる賃貸市場をご一緒につくっていきましょう

ある人に学校をつくるという構想を話したとき、こんなふうに言われました。

「井上さんは賃貸物件づくりのマニアなのだと思っていました。学校だなんて、そんな思いをもっていたとはびっくりしたし、ちょっと感動してしまいました！」

たしかに、自分でも少し驚いています。資産運用の方法としてアパート経営を選んだことで、学生さんたちとの出会いがあり、その出会いの一つがキャリアコンサルタントという道に私を進めてくれました。

さらに、その道での学びを深めたり、キャリコン業界や不動産業界でさまざまな人との出会いを重ねたりしている中で、自分が心からやりたいと思うことにめぐりあったのですから。

日産自動車ももちろん、仕事をするには申し分のないフィールドでした。先端技術を扱い、世の中の人々の役に立つプロダクトをつくる仕事であり、上司や同僚、後輩などの人間関係にも恵まれていました。エンジニアの道をそのまま進んでいたとしても、きっと定年まで幸せな仕事人生を送っていくことができたのだろうと思います。

なぜか一芸物件に導かれた私の人生は、一日も休まず、きょうもいきいきと動いています。本書では、そんな私の経験談なども織りまぜながら、先達たちの輝く発想と工夫が生きる一芸物件の数々と、個性あふれる一芸物件をつくるためのヒントとノウハウをご紹介してきました。

取材などを通じては何人もの方々とお話をする機会を得ましたが、奇しくも複数の人がおっしゃっていたのが、「衣食住のうち、衣食には数多くのサービスがあるのに、住のサービスはまだまだ発展途上なんですよね」ということでした。

なるほど、まわりを見まわせば、住の世界では家具レンタルやトランクルーム、一人暮らしの高齢者に安心・安全を届けるプログラムなど、新しい商品・サービスはさまざまに出てきていますが、こと賃貸住宅の世界においては新規開拓の余地がたくさん残されていると感じます。

言い換えれば、いまはまだ競争相手がそれほどいないブルー・オーシャンの状態です。思いついたことはなんでもできる海原が目の前に広がっていると思うと、ワクワクした気分になってきます。

冒頭にも書きましたように、日本の賃貸住宅は余っています。でも、賃貸事業はやり方次第。一芸は物件のチカラになり、オーナーの人生にもすばらしい影響をもたらしてくれるでしょう。

一芸は新築にかぎらず、現在稼働中の物件に付加していくことも可能です。本編ではややネガティブなイメージでご紹介した旧型大家さんだって、長い大家経験と、地元との深いつながりや豊かな人脈を生かせば、思いがけない一芸が実現するかもしれません。

賃貸事業をすでにはじめている人も、これからはじめたいと思っている人も、大家同士、それぞれが自分らしい一芸物件でしのぎを削りあい、元気で、活発で、おもしろさにあふれる賃貸市場をつくっていければと願っています。

そして、わが国では〝人生100年時代〟がはじまろうとしていますが、私もさまざまな世代の人が、それぞれの場所で、それぞれの人生を幸せに生きられるように、大家という立場で、また、キャリアコンサルタントの知識とノウハウを生かしながらさまざまな提案をお届けしていきたいと思っています。

初めての本を出版するにあたっては、たくさんの謝辞を述べなければなりません。

まず、「アパートを買う」とか「会社を辞める」とか、私が驚かせるようなことを言っても、いつも理解し、惜しまぬ協力をしてくれている妻の綾子に感謝を伝えたいと思います。

そして、本書のための取材を快く受け入れ、数多くの参考になるお話とインスピレーションを賜ったHOBBY STUDIOの田中勲さん、Gatos Apartmentの木津イチロウさん、東郊住宅社の池田峰さん、ユーミーClassの高橋和樹さんと池谷仁さん、日産自動車時代に私を支えてくださった上司・先輩方・同僚たち、プロティアン・キャリアに関する私の知見を広げるとともに、今回の出版のきっかけをつくってくださったタナケンさんこと法政大学・田中研之輔教授、社会関係資本を含み多くの無形資産をたがいに共創しつづけているプロティアン・キャリア協会およびプロティアン研究会の仲間、私の新しいアパート建築の構想をご理解いただいたうえで、融資を決断してくださった中南信用金庫二宮支店の担当者のみなさま、本書の制作に尽力いただいたアスコムの柿内尚文さん・中山景さん・入江翔子さん、ライターの萩原美智子さん、マンガ家の大和なでしこさんにも深く御礼申し上げます。

最後に、私を産み育ててくれた宮崎の両親と、多くのアドバイスをくれた叔父・叔母に心からの感謝を届けます。

2022年12月

一芸物件専門家　井上敬仁

井上敬仁（いのうえ・たかひと）

株式会社未来人材キャリア開発代表取締役
一芸物件専門家。
1967年生まれ、宮崎県宮崎市出身。宮崎市立赤江小学校、宮崎市立赤江中学校、宮崎県立宮崎南高校、1浪を経て宮崎大学、九州大学大学院総合理工学府と進み、1992年株式会社日産自動車入社。日産自動車では主にエンジン設計業務に従事。2004年より開始した不動産投資が事業規模となったことを機に、2016年専業大家として独立。アイデアを盛り込んだ新築建設と売却を繰り返し、売却益は1棟あたり約1000万円となる。

自身が所有するアパートに住む大学生から、就活相談を受けたことをきっかけに2019年キャリアコンサルタント国家資格を取得。2021年プロティアン・キャリア協会メンター資格認定を機に、同年、株式会社未来人材キャリア開発を設立。「キャリアカウンセリング付き賃貸」として、一芸物件を売り出し、新築ではないにもかかわらず家賃アップを実現。現在は、アパートを6棟運営する大家業のかたわら、キャリアコンサルタントとして何人もの学生を内定に導いている。

本書内容について納得のいかない点やわからない部分があれば、
遠慮なく takahito_inoue@mirai-jinzai-career.jp までご連絡ください。

高い家賃なのにいつも満室になる
人気物件のつくり方
一芸物件

発行日　2023年1月10日　第1刷

著者　井上敬仁

本書プロジェクトチーム
編集統括　柿内尚文
編集担当　中山景、入江翔子
デザイン　岩永香穂（MOAI）
イラスト　大和なでしこ
編集協力　荻原美智子
制作協力・写真提供　アップル&サムシングエルス、有限会社奥宮園、木津イチロウ（Gatos Apartment）、田中勲（HOBBY STUDIO）、有限会社東郊住宅社、株式会社ニッショー、株式会社ユーミーClass
DTP　藤田ひかる（株式会社ユニオンワークス）
校正　澤近朋子

営業統括　丸山敏生
営業推進　増尾友裕、綱脇愛、桐山敦子、矢部愛、相澤いづみ、寺内未来子
販売促進　池田孝一郎、石井耕平、熊切絵理、菊山清佳、山口瑞穂、吉村寿美子、矢橋寛子、遠藤真知子、森田真紀、氏家和佳子
プロモーション　山田美恵、山口朋枝

編集　小林英史、栗田亘、村上芳子、大住兼正、菊地貴広、山田吉之、大西志帆、福田麻衣
講演・マネジメント事業　斎藤和佳、志水公美、程桃香
メディア開発　池田剛、中村悟志、長野太介
管理部　八木宏之、早坂裕子、生越こずえ、名児耶美咲、金井昭彦
マネジメント　坂下毅
発行人　高橋克佳

発行所　株式会社アスコム

〒105-0003
東京都港区西新橋2-23-1　3東洋海事ビル
編集局　TEL：03-5425-6627
営業局　TEL：03-5425-6626　FAX：03-5425-6770

印刷・製本　中央精版印刷株式会社

Printed in Japan ISBN 978-4-7762-1252-2